33

59

107

CONTENTS
目次

RECIPES
レシピ

INTRODUCTION
はじめに

キャンプは平穏でシンプルな時間を与えてくれます。自然とのふれあい。ゆったりとしたくつろぎ。水面にきらめく太陽の光。優しい風に運ばれる大地と木々の香りを感じながら眠りにつく。週末のキャンプは日常から解放される最高のひとときです。

お腹は減りますが、問題ありません！ キャンプでの食事は特に美味しく感じられ、キャンプで過ごすひと時を引き立ててくれます。出かける前に買い物や下ごしらえといった準備、あるいは調理までを済ませられるので、難しいことはありません。事前に準備を済ませ、後は焚き火に放り込むだけという調理スタイルは、週末キャンプの食事に最適です。

本書に掲載された100以上のレシピは、下ごしらえ、作り置き、冷凍・冷蔵、パッキングから食べるところまで、基本的なアイデアに基づいて書かれています。美味しく、楽しく、お腹いっぱいになるストレスフリーのレシピは、朝昼晩の食事はもちろん、急な空腹時にもすぐに役立つでしょう。

お気に入りのレシピを選び、週末にお楽しみください。焚き火料理を手軽にするため、以下の便利なお役立ち情報を読んでおきましょう。

ストレスのない旅にするには

キャンプで快適に過ごせるよう、事前に選んだレシピをよく読んで計画を立てておきましょう。

- 乾燥素材、詰め物、スパイスはあらかじめ混ぜておき、ジッパー付きビニール袋や密閉容器に入れ、ラベルをつけて保存しておく。
- 自宅で前もって調理する必要のあるレシピもあるので、余裕を持って準備しよう。

必要な／あると便利なキャンプ調理器具

- ☐ 紙製品 (ペーパータオル、ナプキン)
- ☐ ふきん・タオル
- ☐ 食器 (カトラリー、皿、ボウル、コップ)
- ☐ 救急箱
- ☐ 革手袋/オーブンミット/鍋敷き
- ☐ スパチュラ (木ベラやシリコンベラ)
- ☐ おたまと穴あきおたま
- ☐ 泡立て器
- ☐ よく切れるナイフ
- ☐ 金属製の長いスパチュラ
- ☐ 金属製の長いトング
- ☐ 金属製のミートフォーク
- ☐ 計量カップと計量スプーン
- ☐ 缶切り
- ☐ ボトルオープナー
- ☐ はさみ
- ☐ ライターやマッチ
- ☐ デジタル式肉用温度計
- ☐ ガスカートリッジまたは木炭
- ☐ 乾燥した薪、焚き木、新聞紙、着火剤など
- ☐ 厚手のアルミホイルとアルミホイルパン
- ☐ 天板
- ☐ 鋳鉄製の鍋
- ☐ マフィンの型
- ☐ ダッチオーブン
- ☐ 串
- ☐ ホットサンドメーカー (直火用)
- ☐ 焚き火用の焼き網

- カットされた野菜やチーズを買っておけば、下ごしらえの時間が省けて簡単。
- キャンプで必要になりそうな材料のリストを作る。例えばハンバーガーやホットドッグ用のパン、追加用スパイス、クッキングオイルスプレー（オイルスプレー）など。
- 最後に、以下の『必要な／あると便利なキャンプ調理器具』のチェックリストを確認し、必要な調理器具や安全用品がすべて揃っていることを確認する。

なによりも臨機応変に、そして楽しむことが大事。もし忘れ物をしてもちょっと知恵を絞れば大丈夫！ フライパン料理はアルミホイルやホットサンドメーカー料理に簡単に転用できますし、調味料やトッピングもありあわせのもので調整できます。キャンプでの食事は、旅と同じくらい冒険してみましょう！

キャンプファイヤーを 安全に楽しむコツとポイント

- キャンプサイトで焚き火が許可されているかを確認する。
- 直火の可否を必ず確認し、条件に応じて焚き火台や焚き火シートを使用する。
- 可燃物から2〜3m以上離れた場所で火を焚く。
- ガスや灯油は爆発の危険性があるため、絶対に火に近づけない。
- 絶対に火から目を離さない。
- 風が強いときは無理に火を焚かないこと。火の粉は思わぬ火災を引き起こす可能性がある。
- 革手袋や厚手のオーブンミットで手を保護し、長いトングを使用して火傷を防ぐ。
- 不測の事態に備え、水を入れたバケツなどを火のそばに準備しておく。
- 火は大量の水をかけて消す。炭や燃えかす、薪がすべて濡れ、冷めて鎮火したことを確認する。
- 水が使えない場合は、砂や土で火を消す。その際も、炭や燃えかす、薪が完全に鎮火したことを確認する。

調理のための火の起こし方

まずはじめに。調理に適した火は、適切な種類の薪を使った場合にのみ得られます。火力が強く着火も簡単な、丸太を縦に割った薪を使用しましょう。調理にはカエデ、クルミ、カシ、ナラ、リンゴなどの広葉樹が最適。ゆっくり燃えて、素晴らしい炭ができあがります。

調理場に着火剤となる焚き付けを積み重ね、マッチやライターで火をつけます。焚き付けが勢いよく燃えはじめたら、細い薪をざっくりのせ、必要に応じて追加しましょう。炎が安定してきたら、その上に大き目に割った薪をティピーテント状（合掌型）に慎重に組んでください。

炎が消えると白く熱い炭が残ります。必要に応じ、金属製の火かき棒や長い棒で炭を調理用に分配しましょう。

焚き火料理の基本

グリル、ホイル、ホットサンドメーカー、串焼きなど、どのような調理法でも事前に油を塗ること。子供と一緒にキャンプをする場合は、絶対に子供から目を離さないで！　安全を考慮し、火の周りで同時に調理する時は少数人で行なうこと。キャンパーは交代で動いてお互いを思いやること。尖った棒で誰かを突き刺したり、火のついたマシュマロを持って追いかけたり、ふざけることのないように節度を持ちましょう。

ホイル焼き料理

厚手のアルミホイルはキャンパーの強い味方。いろいろな用途に使え、後片付けも簡単です。ホイルパックは5cmほどの炭の上で熱すると、すぐに熱が通るので調理に最適です。いろいろなタイプのホイルパックが手軽にできるので、アルミホイルはケチらず大胆に使えるような量を用意しておきましょう。ホイルパックを取り扱う際は蒸気に注意し、鍋つかみ、オーブンミット、長いトングを使用すること。ホイルパックを持って焚き火～テーブル間を移動するときは、天板にのせると安全です。

しっかり閉じたホイルパックの中の食材は蒸し焼きになり、焼き色をつけたりカリカリに仕上げたりするのには不向きです。カリカリに仕上げるには完全に包まず、アルミホイルを広げフライパン状にして焼くといいでしょう。手持ちの平鍋を逆さまにし、厚手のアルミホイルを二重に重ねて密着させ、即席のフライパンを作ることもできます。端は長めに残し、折り返してよく圧着し

て強度を高めてください。または、ワイヤーラックや焼き網、グリルなどを厚手のアルミホイルで二重に覆えば、焚き火で食材を炒めたり焼いたりできる鉄板も作れます。

串焼き料理

串は、ケバブなどのキャンプ料理を簡単に作れる便利アイテム。木製の串を使う場合は、30分ほど水に浸しておくと燃えにくくなります。また、柄が木製の金属製の串を使う場合、柄の部分を直火にあてないようにしてください。

ホットサンドメーカー料理

ホットサンドメーカーは驚くほど多機能で、グリルサンドイッチやスクランブルエッグ、パイなど、どんな料理も手早く簡単に調理できます。ヒンジで繋がっていないセパレートタイプのホットサンドメーカーは、ミニフライパンのようにも使えます。

ホイルパックテクニック

フラットパック：蒸気をあまり使わず、焼き色をつけたい肉や魚などの調理に最適。

テントパック：あまり焼き色をつけず、蒸し焼きにしたい野菜や果物などの調理に適しています。

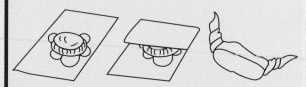

両手持ちのパック：炭に埋める調理に便利。トングで持ち手をつかみ、炭の中から引き出せます。

焚き火の調理温度

炭火の約10㎝上でどれくらいの時間手をかざすことができる？

（※あくまでも目安です。火傷には充分に注意してください）

- 2秒＝約260℃（強火）
- 3秒＝約200℃（中・強火）
- 4秒＝約180℃（中火）
- 5秒＝約150℃（弱火）

調理時間は様々

　調理時間は焚き火の温度や調理する食材の種類によって異なるので、各レシピに記載されている調理時間を目安にし、焼き具合をこまめに（慎重に）確認してください。厚みのある食材や冷凍・冷蔵の食材は、薄い食材や常温の食材よりも調理時間が長くなります。

　温度を調整したい時は焚き火や炭の間隔を離したり、食材に火が通る時間を調整したいなら、食材を炭から少し離れた石の上や炭火の上に焼き網をセットして置くこともおすすめ。食材をよくひっくり返したり動かすことで、均一に火を通すことができます。

焚き火料理の温度に関する注意点

　レシピの中には、調理する際の火加減や温度を指定しているものがあります。温度を判断する際は次の方法を試してみてください。炭火の約10cmほど上に手をかざし、熱さに耐えられず手を離すまでに何秒間手をかざすことができるかを数えてみましょう（※あくまでも原著掲載の目安です。直火ではありません。試す際は火傷しないよう、充分に注意してください）。

- 2秒＝約260℃（強火）
- 3秒＝約200℃（中・強火）
- 4秒＝約180℃（中火）
- 5秒＝約150℃（弱火）

調理時間は様々

　火の強さに関係なく、食材にしっかり火が通っていることを確認しましょう。挽き肉、鶏肉、豚肉は、生肉のピンク色が消えてしっかりと焼色がつき、肉汁が透明になるまで加熱する必要があります。しかし、色で判断するのも実は危険。加熱不足や過剰な加熱を防ぐため、きちんとした肉用温度計を使うのがベスト。米国農務省（The USDA）は、最低でも右記の内部温度に達することを推奨しています。

- 魚：約63℃
- 牛肉：約63℃（レア）〜約72℃（ミディアム）〜約77℃（ウェルダン）
- 牛挽き肉：約72℃
- 鶏挽き肉：約74℃
- 鶏胸肉：約77℃
- 鶏肉全体と部位（もも肉、手羽先）：約83℃
- 豚肉（チョップ、テンダーロイン）：約72℃
- 豚挽き肉：約72℃
- 卵料理：約72℃
- 食品の再加熱：約74℃または熱くなり湯気が出るまで

楽しむことを忘れないで！ REMEMBER!
週末の冒険は、日常から解放されるリラックスした時間。もう準備は万全、いざ出発。レシピやリストを見直して、必要なものが全て揃っていることを確認したら、テントと寝袋を忘れずに、さあ楽しい週末を！

CHAPTER 1:
BREAKFAST

チャプター1
ブレックファスト

- 各レシピに記載されている材料（人数分・個数等）は、あくまでも目安です。

- 各レシピの材料には、日本ではあまり一般的でないものも含まれていますが、原本のレシピを忠実に再現できるようそのまま掲載しています。用意が難しい場合は、注釈を参考に代替品をご使用ください。

- 各レシピの材料の分量を示す「カップ」は、アメリカ規格の【カップ＝約240ml】です。日本規格のカップとは分量が異なるため、市販のアメリカ規格のカップをご使用ください。

CARROT CAKE PANCAKES キャロットケーキ パンケーキ

6枚分

ベーキングパウダーと塩を¾カップ（約180ml）の計量カップに入れ、小麦粉をすりきり一杯に入れる。それをボールに移し、オールスパイス、砂糖、卵、ニンジン、牛乳、ヨーグルト½カップを加える。スプーンで混ぜ合わせ、レーズンを加えてさらに混ぜる。

火を入れたグリル、またはラックにのせたフライパンに植物油を少々入れ、中火で熱する（熱しすぎず、パンケーキを焦がさず中まで焼けるように）。½カップ（約120ml）の計量カップで生地を注ぎ、少し広げる。
パンケーキの底がきつね色になったら裏返し、反対側の面もきつね色になるまで焼く。
お好みでハチミツやメイプルシロップをかけ、ヨーグルトを添えて召し上がれ。

材料
- ベーキングパウダー … 小さじ1
- 塩 ……………………… 小さじ¼
- 小麦粉
- オールスパイス（パウダー）
  ………………………… 小さじ½
- 砂糖 ……………… 大さじ 2と½
- 卵 ………………………… 2個
- ニンジン（千切り） …… ¾カップ
- 牛乳 …………………… ½カップ
- プレーンヨーグルト … ½カップ
  ＋（盛り付け用にお好みの量）
- ゴールデンレーズン … ⅓カップ
- 植物油
- ハチミツ、メイプルシロップ
  ………………………… 盛り付け用

COWBOY CAMP COFFEE カウボーイ キャンプコーヒー

約2.2L分

材料

- 水 ……………… 9カップ（分けて使用）
- レギュラーコーヒー（粉）
  ……………… 1と¾カップ～2カップ

大きめの缶か深めの鍋に8カップの水を入れ、火にかけて温める。
そこにコーヒーを入れ、沸騰した状態で2～3分加熱する。
火からおろし、2～3分置く。
1カップの冷水を静かに注ぐ。こうすることで、コーヒーかすが底に沈む。
カップに注いで召し上がれ。

ICED COFFEE アイスコーヒー

約1L分

材料

- レギュラーコーヒー（粉） ……………………………… ½カップ
- 水
- ハーフ&ハーフ（牛乳1:生クリーム1）
- コンデンスミルク

自宅で、容量約1Lのメイソンジャーにコーヒーを入れ、水を
入れておく。
蓋をして室温で8時間放置する。コーヒーフィルターを敷い
たストレーナーでコーヒーを濾す。これをまた新しいフィルター
でくり返し濾す。コーヒーかすは捨て、濾した液体だけを清
潔なジャーに入れる。そのジャーに水をいっぱいになるまで
加え、蓋をして冷やす。

キャンプでは、容量約500mlのメイソンジャーに氷を入れ、自
宅で抽出したコーヒーを⅔ほど入れる。たっぷりのハーフ&
ハーフと大さじ2～3のコンデンスミルクを加え、よくかき混ぜる。
残りのコーヒーは冷やして保管する。

FLAKY WALNUT PASTRIES クルミのペストリー

1個分

材料

- フィロ生地
- 刻んだクルミ
- シナモンパウダー
- ブラウンシュガー
- バター
- ハチミツ

ホットサンドメーカーに油を塗る。フィロ生地を1枚ずつオイルスプレーでコーティングし、5〜6枚重ねる。ホットサンドメーカーより少し大きめに切り分ける。

重ねて切り分けたフィロ生地を1つ、ホットサンドメーカーにのせる。

クルミを敷き詰め、シナモンパウダー、ブラウンシュガー、バターを加え、ハチミツを適量垂らす。

重ねたフィロ生地をのせてホットサンドメーカーを閉じ、はみ出た余分な生地は切る。

温かい炭火の上に置いて、じっくりと焼く。

ハチミツや、お好みの付け合わせと一緒に召し上がれ。

CHEESY BACON BUNS チーズベーコンバンズ

8人分

材料

- 卵
- 牛乳
- ビスケット※ ·························· 8個
- ベーコン(加熱して刻む)
- シュレッドチェダーチーズ
- 青ネギ(みじん切り)

卵に牛乳を少々加えて溶く。ビスケットを8つに切り、卵液に加える。ベーコン、チェダーチーズ、青ネギを加えて混ぜる。油を塗ったホットサンドメーカーの片面にビスケットミックスを流し込んで閉じ、温かい炭火で焼き目がつくまで焼く。焼き終わり頃に一度だけ裏返す。

※「ビスケット」:スコットランド発祥のスコーンに似た、アメリカ式のビスケット(アメリカンビスケット／フレーキービスケット)。材料記載のビスケットは缶入りの冷蔵製品を表すが、日本では入手が困難なため、「ホットビスケット」などの名称で販売されている味や食感が近い市販品で代用するか、インターネット上のレシピなどを参考に焼き上げる。

BACON AND POTATO PANCAKES ベーコンとポテトのパンケーキ

6枚分

材料

- ジャガイモ（皮をむいてさいの目切り）
  ....約680g
- 薄切りベーコン......................4枚
- ココナッツミルク...................1缶
  （400ml／分けて使用）
- 卵..2個
- チャイブ（みじん切り）.........小さじ2
- 塩..小さじ¾
- メイプルシロップ、サワークリーム
  ....盛り付け用

ジャガイモを沸騰したお湯で柔らかくなるまで茹で、水気を切ってボウルに入れる。フライパンで薄切りベーコンをカリカリになるまで焼き、刻んで脇に置いておく。ジャガイモにココナッツミルク半量を加え、つぶして混ぜる。卵を加え、しっかり混ぜ合わせる。さらにココナッツミルクを加え、パンケーキ生地のような固さになるまで混ぜ合わせる。チャイブとベーコン（お好みで盛り付け用に残す）、塩を混ぜる。

フライパンの油分を拭き取り、中火の網の上で加熱する。⅓カップの生地（パンケーキ1枚分）をゆっくりとフライパンに流し入れ、両面に焼き色がつくまで焼く。メイプルシロップ、サワークリーム、ベーコン、チャイブを添えていただく。

FLUFFY FLAPJACKS ふわふわフラップジャック※

12枚分

※「フラップジャック」:フラップジャックとはイギリスの伝統菓子。本来のフラップジャックはオートミール、蜂蜜、溶かしバターなどを混ぜてオーブンで焼いた、シリアルバーのようなお菓子。

材料

- 卵 ……………………………… 5個
- ホットケーキミックス……… 2カップ
- 砂糖 ……………………………… 大さじ2
- シナモンパウダー ………… 小さじ½
- 溶かしバター ………………… 大さじ2
- ジンジャーエール ………… ½カップ
- バター、メイプルシロップ
  ……………………………… 盛り付け用

ボウルに卵を入れ、よく溶きほぐす。ホットケーキミックス、砂糖、シナモンパウダーを加える。バターとジンジャーエールを入れ、混ぜ合わせる(ダマが残る程度)。

火を入れたグリル、または焚き火にかけて熱したフライパンにオイルスプレーを吹きつける。熱したフライパンに、約⅓カップの生地(1枚分)を流し込む。両面をきつね色になるまで焼き、一度ひっくり返す。
バターとメイプルシロップを添えて召し上がれ。

BERRY-LICIOUS FRENCH TOAST ベリー香るフレンチトースト

6〜8人分

材料

- シナモンレーズンブレッド
  （スライスする）················· 1斤
- 卵 ·································· 6個
- バニラオイル ················ 小さじ1
- 牛乳 ····························· ⅓カップ
- 生クリーム（乳脂肪分36〜40%）
  ················ ¾カップ（分けて使用）
- メイプルシロップ··········· 大さじ2
  ＋（盛り付け用にお好みの量）
- ブルーベリーまたはラズベリー
  ············· 1カップ〜1と½カップ
- 粉砂糖····························· 1カップ

準備しておこう！
キャンプでは、アルミホイル
で包んだパンを炭火の
中に置いて加熱する。

オーブンを約190°Cに加熱する。天板にアルミホイルを2枚重ねにし、オイルスプレーを吹きつける。ホイルの中央にパンを立てて並べ、パンの下半分を囲むようにホイルを折り返して包み、卵液が流れないようにする。並べたパンの間を少し広げる。

ボウルで卵を溶きほぐす。バニラオイル、牛乳、生クリーム½カップ、メイプルシロップを入れてかき混ぜる。並べたパンの両面を浸すように、パンの上からゆっくりと卵液を流し込む。ベリーを上から散らし、パンの間に挟み込ませる。
大きめのホイルを上からかぶせ、パンを包み込んで密閉する。卵が固まるまで30〜45分焼く。焼き焦げそうな場合、最後の10分間は上のホイルを外す。

粉砂糖と残りの生クリームを混ぜ、トロっとしたグレーズを作る。グレーズをパンの上にかけ、メイプルシロップを添えていただく。

OVERNIGHT APPLE PIE OATMEAL オーバーナイト"アップルパイ"オーツ

4人分

大きなスロークッカーにココナッツオイルをしっかり塗る。リンゴの芯をとってサイコロ状に切り、クッカーに入れる。ココナッツミルク、水、スチールカットオーツ、ココナッツオイル、塩、バニラオイルを加え、かき混ぜてなじませる。リンゴとスチールカットオーツが柔らかくなるまで5〜7時間、弱火で煮込む。器に盛り付けたら、ブラウンシュガー、シナモン、ハーフ＆ハーフまたはココナッツミルク、ハチミツ、メイプルシロップをかけ、刻んだクルミやココナッツフレーク、トーストココナッツを振りかけて召し上がれ。

準備しておこう！

アルミホイルパンに入れて厚手のアルミホイルで包み、冷蔵か冷凍で保存。キャンプでは熱い炭火の中に入れ、ホイル焼きして召し上がれ。

材料

- ココナッツオイル ············· 大さじ1
  ＋(スロークッカーのコーティング用)
- リンゴ ·································· 2個
- ココナッツミルク ········· 1と½カップ
  ＋(盛り付け用にお好みの量)
- 水 ······························· 1と½カップ
- スチールカットオーツ ········ 1カップ
- 塩 ···················· 小さじ¼〜小さじ½
- バニラオイル ······················ 小さじ1
- ブラウンシュガー、シナモン、ハーフ＆ハーフ(牛乳1:生クリーム1)、ハチミツ、メイプルシロップ ······ 盛り付け用
- 刻んだクルミ ················ 盛り付け用
- ココナッツフレークまたはトーストココナッツ ······· 盛り付け用

ALMOND FRENCH TOAST アーモンドフレンチトースト

4人分

自宅で、小鍋にアーモンドスリバードを入れて弱火にかける。約5〜10分、頻繁に混ぜながら炒めて、アーモンドに軽く焼き色がついたら、脇に置いておく。

ボウルに卵、牛乳、小麦粉、塩、ベーキングパウダー、アーモンドエッセンス、バニラオイルを入れ、泡立て器で混ぜ合わせる。よく混ぜた後、パンを1枚ずつ浸し、卵液を充分に含ませる。浸したパンをバットに並べ、冷蔵庫で30分以上冷やす。炒めたアーモンドを浅い皿の上に広げ、冷やしたパンを1枚ずつ押しつけてアーモンドでコーティングする。厚手のアルミホイルで密封し冷凍する。

キャンプでは、パンを解凍し、植物油とバターを塗ったフライパンで両面をきつね色になるまで焼く。フレンチトーストを皿に移し、粉砂糖をまぶす。

材料

- アーモンドスリバード
  (縦割りアーモンド) ················ 1カップ
- 卵 ·································· 3個
- 牛乳 ······························· 1カップ
- 小麦粉 ····························· 大さじ3
- 塩 ································ 小さじ¼
- ベーキングパウダー ··········· 小さじ½
- アーモンドエッセンス ········· 小さじ½
- バニラオイル ····················· 小さじ1
- 食パン(厚切り) ···················· 8枚
- 植物油 ····························· 大さじ3
- バター ····························· 大さじ3
- 粉砂糖 ························· 盛り付け用

HONEY BRAN MUFFINS ハチミツブランマフィン

12個分

材料

- パイナップルジュース ······ 2カップ
- ゴールデンレーズン ··········· 2カップ
- 小麦粉 ····························· 2カップ
- 重曹 ······························· 小さじ2
- 塩 ·································· 小さじ1
- オールブラン ····················· 1カップ
- ブラウンシュガー ··············· 1カップ
- 植物油 ······························ ½カップ
- ハチミツ ···························· ½カップ
- 溶き卵

自宅で、小さなボウルにパイナップルジュースとゴールデンレーズンを入れて軽く混ぜ合わせ、置いておく。別のボウルに小麦粉、重曹、塩を入れてよく混ぜ合わせ、さらにオールブランを混ぜて置いておく。大きなボウルにブラウンシュガー、植物油、ハチミツ、溶き卵を入れ、よく混ぜ合わせる。先程のオールブランを入れてよく混ぜ合わせ、さらにパイナップルジュースとレーズンを加え、緩めのなめらかな生地になるまでよく混ぜる。蓋をして、冷蔵庫で一晩冷やす。キャンプに持っていく際は、クーラーボックスに詰めて冷蔵状態を保つ。

キャンプでは、マフィンカップ（大）12個に軽く油を塗り、冷やした生地をかき混ぜてマフィンカップの¾くらいまで詰める。焚き火の上の焼き網にのせて20〜25分、またはマフィンの中心に爪楊枝を刺しても生地がつかなくなるまで焼く。マフィンをカップから取り出し、ワイヤーラックで10分間冷ます。

STRAWBERRY FRENCHIES ストロベリーフレンチ

4人分

材料

- 卵 ……………………………… 3個
- 牛乳 ……………………………… ¼カップ
- シナモンシュガー …………… 小さじ1
- 食パン ……………………………… 8枚
- ストロベリープリザーブ
  （イチゴの形が残ってるジャム）
- イチゴ（スライス） …………… 1カップ
- メイプルシロップ ……… 盛り付け用

卵、牛乳、シナモンシュガーを一緒にかき混ぜる。パンの片面を卵液に浸し、油を塗ったホットサンドメーカーに卵液に浸した面を下にしてのせる。ストロベリープリザーブを塗り、イチゴ¼カップをプリザーブの上に並べる。別のパンを卵液に浸し、卵液に浸した面を上にしてのせる。ホットサンドメーカーを閉じ、両面がこんがりと焼けるまで焚き火で焼く。同じ手順を繰り返し、残りの3人分を作る。メイプルシロップをかけて召し上がれ。

BREAKFAST TARTS ブレックファストタルト

4人分

材料
- パイ生地 ………… 約255g～310g
- ベーコン ………………… 8枚
- シュレッドチェダーチーズ … ½カップ
- 卵 ………………………… 3個
- 牛乳 …………………… 大さじ3
- ナツメグ ……………… 小さじ¼
- こしょう ……………… 小さじ¼

自宅で、オーブンを約220℃に予熱する。パイ生地はパッケージの指示に従って準備する。生地を4等分し、それぞれを約15cmの円形にのばす。大きめのマフィンカップまたは容量約180mlのカップケーキ用カップにパイ生地をそれぞれ入れ、パイ生地が各カップの底と側面を覆うようにひだを作る。各パイの皮の表面をフォークで突き、オーブンで8～10分、パイの皮に軽く焼き色がつくまで焼く。オーブンからパイの皮を取り出し、オーブンの温度を約175℃に下げる。

パイを焼いている間に、フライパンを中火にかけてベーコンをカリカリになるまで焼く。フライパンからベーコンを取り出し、ペーパータオルで油分を切る。ベーコン2枚を砕いてパイの皮の底に敷き詰め、チェダーチーズ大さじ2杯を振りかける。卵、牛乳、ナツメグ、こしょうをボウルに入れ、よく混ぜ合わせて各パイに流し込む。オーブンに戻し、卵に火が通るまでさらに15～20分ほど加熱する

キャンプでは、アルミホイルに包んだタルトを炭火の中に入れ、温めて召し上がれ。

準備しておこう！ 炭火や焚き火の焼き網で再加熱できるよう、アルミホイルで包んでおく。

BACON QUICHE TARTS ベーコンキッシュタルト

10個分

材料
- ベーコン …………………… 12枚
- クリームチーズ ………… 約230g
- 牛乳 …………………… 大さじ2
- 卵 ………………………… 2個
- シュレッドスイスチーズ …… ½カップ
- 青ネギ(みじん切り) …………… 4本
- ビスケット生地※ ………… 約285g

※「ビスケット生地」:アメリカ式ビスケット(p.17参照)の生地。日本では入手が困難なため、「アメリカンビスケット」や「ホットビスケット」などのワード検索で出てくるレシピを参考に。

自宅で、オーブンを約190℃に予熱する。マフィンカップ10個に薄く油を塗り、脇に置いておく。フライパンを中火にかけ、ベーコンを焼き色がつくまで焼く。フライパンからベーコンを取り出し、ペーパータオルで油分を切る。柔らかくしたクリームチーズ、牛乳、卵をボウルに入れ、ハンドミキサーでなめらかになるまで混ぜ合わせる。さらにスイスチーズと青ネギを混ぜ、脇に置いておく。

ビスケット生地を10個分に分ける。ビスケット生地をマフィンカップの底と側面に押しつける。ベーコンを砕き、1枚の半分程の量をマフィンカップの底に振りかけ、牛乳、卵と混ぜ合わせたクリームチーズを大さじ2杯分、マフィンカップに入れる。これを10個分作り、オーブンで20～25分、中身が固まり、生地がきつね色になるまで焼く。残りの砕いたベーコンをマフィンカップに散らし、上から軽く押しつける。マフィンカップからタルトを取り出し、冷ます。アルミホイルで密封する。

キャンプでは、アルミホイルに包んだタルトを炭火の中に入れ、温めて召し上がれ。

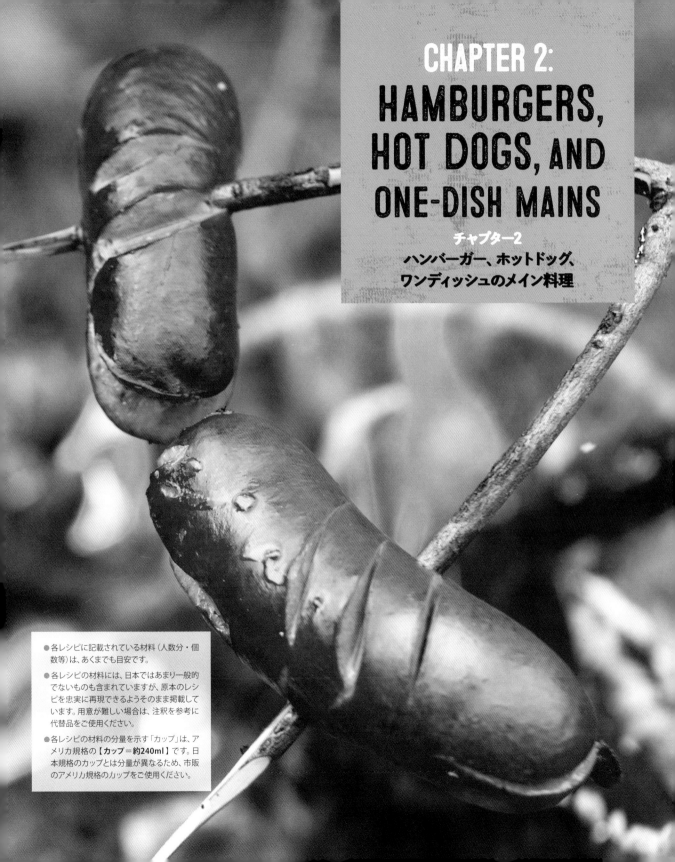

CHAPTER 2:
HAMBURGERS, HOT DOGS, AND ONE-DISH MAINS

チャプター2
ハンバーガー、ホットドッグ、
ワンディッシュのメイン料理

● 各レシピに記載されている材料（人数分・個数等）は、あくまでも目安です。

● 各レシピの材料には、日本ではあまり一般的でないものも含まれていますが、原本のレシピを忠実に再現できるようそのまま掲載しています。用意が難しい場合は、注釈を参考に代替品をご使用ください。

● 各レシピの材料の分量を示す「カップ」は、アメリカ規格の【カップ＝約240ml】です。日本規格のカップとは分量が異なるため、市販のアメリカ規格のカップをご使用ください。

SKILLET SAUSAGE HASH ソーセージハッシュ

4人分

材料

- 植物油
- ソーセージ（約6mm幅に輪切り）
　　　　　　　　　　　　　　　 約400g
- ピーマン（さいの目切り）………… 1個
- 赤パプリカ（さいの目切り）…… ½個
- 新タマネギ（小・さいの目切り）…… 1個
- ユーコンゴールド（大）※ ………… 2個
- 塩、黒こしょう…………………… 調味用

※「ユーコンゴールド」：アメリカで一般的な、"イエローポテト"に分類されるジャガイモの品種。日本では入手が困難なため、メークインなどで代用を。

自宅で、油大さじ1をフライパンで熱し、ソーセージを入れて5分間、フライパンを揺すりながら均一に焼き上げる。ペーパータオルを敷いた皿にソーセージを移し、油分を切る。フライパンにジャガイモ（ユーコンゴールド）以外の野菜を加え、塩、黒こしょうで味を調え、時々混ぜながら食感が残る程度に柔らかくなるまで炒める。ソーセージの皿に移して全体を冷ます。充分に冷ましたら、蓋のできる容器に入れて冷蔵する。

キャンプでは、油大さじ2をスキレットなどの厚手のフライパンで熱し、さいの目に切ったジャガイモを加え、塩、黒こしょうで味を調える。きつね色になるまで炒めて数回かき混ぜ、均一に焼き色をつける。冷蔵しておいたソーセージと野菜を加え、混ぜ合わせて加熱する。

キャンプでの料理を楽しむために

- 出かける前にレシピを読むこと。必要な調理器具や道具を必ず用意すること。
- 家で下ごしらえできるものは作っておく。粉類や詰め物、スパイス類は混ぜておき、ジッパー付きの袋、または蓋がしっかりと閉まる容器に入れ、分かりやすいようラベルをつけて保存。
- あらかじめカットされた野菜やチーズを購入し、現地での調理の手間を減らす。
- キャンプでの加熱調理時間はおおよそのもの。火の勢いや風の有無、外気温に応じて調節すること。
- 何が起きても心配無用。フライパンを忘れた場合は、ホイルパックで料理を作ってみて。キャンプに言い訳は必要なし。元からこうする予定だったように振舞えばOK。

HAWAIIAN ROASTS ハワイアンロースト

4人分

材料

- ソーセージ
  （食べやすい大きさにカット）… 4～6本
- パイナップルチャンク（水気を切る）
  …………………… 約570g

焚き火を起こす。カットしたソーセージとパイナップルを4本の串にそれぞれ交互に刺す。炭火の上、20～25cmくらいの高さに串を保ち、ソーセージ全体に熱が通るまで約5～8分加熱する。

HOBO BURGERS ホーボーバーガー

1人分

材料

- ハンバーガーパティ ………… 1枚
- ニンジン（皮をむいてスライス）… 2本
- ジャガイモ（中・角切り）………… 1個
- 新タマネギ（小・さいの目切り）…… 1個
- 塩、こしょう ………………… 調味用
- ガーリックソルト
- バター ……………………… 大さじ2

焚き火を起こす。大きめのアルミホイルにハンバーガーパティ、ニンジン、ジャガイモ、新タマネギをのせる。塩、こしょう、ガーリックソルトで味を調える。具材の上にバターをのせ、ホイルで具材をしっかり包む。さらにホイルを重ねて包み、焚き火に包みを直接置いてハンバーグ全体に火が通るまで45分ほど焼く。長いトングで包みを火から取り出す。耐熱グローブやオーブンミットを使い、ゆっくりと包みを開ける。

調理は安全第一

- 火にかけた熱いものを動かす時は、長いトングまたは丈夫なオーブンミットを使用する。
- 鉄製の調理器具は中身がいっぱいになると非常に重くなるので、火にのせたり下ろしたりする時は誰かに手伝ってもらう。特にトライポッドに吊るす時は注意が必要。
- ダッチオーブンの蓋を開ける時や回転させる時は、リッドリフターを使用する。

SWEET POTATO BLACK BEAN CHILI サツマイモとブラックビーンズのチリ

4人分

材料

- オリーブオイル ················· 小さじ2
- タマネギ(さいの目切り) ············ 1個
- サツマイモ(皮をむいて角切り) ··· 1本
- ニンニク(みじん切り) ·········· 小さじ1
- チリパウダー ····················· 大さじ1
- クミンパウダー ········· 小さじ1と½
- チポトレパウダー※ ········ 小さじ¼
- 塩 ······························· 小さじ1
- 水 ·························· 1と⅓カップ
- ブラックビーンズ
  (水煮／水を切ってすすぐ) ····· 1カップ
- カットトマト(缶詰) ··········· 1カップ
- ライム果汁 ···················· 小さじ2
- サワークリーム、アボカド、マンチェ
  ゴチーズ、パクチー ······ トッピング用

※「チポトレパウダー」：燻製にした唐辛子のパウ
ダー。スモークパプリカパウダーで代用可。

フライパンを中火で熱し、オリーブオイルを入れる。タマネギとサツマイモを加え、タマネギが少ししんなりするまでよくかき混ぜながら炒める。ニンニク、チリパウダー、クミンパウダー、チポトレパウダー、塩を加え、絶えずかき混ぜながら30秒加熱する。水を加えて煮立たせ、蓋をして弱火にし、柔らかくなるまで10分ほど煮る。

ブラックビーンズ、カットトマト、ライム果汁を入れ、度々かき混ぜながら煮詰める。汁気が少なくなるまで煮詰めたら、サワークリーム、アボカド、マンチェゴチーズ、パクチーをトッピングする。

BOW WOW HOT DOGS バウワウ ホットドッグ

1本分

材料
- ソーセージ
- ホットドッグバンズ
- サルサ(辛口)
- コーン
- ニンジン(千切り)
- カナディアンベーコン (さいの目切り)
- パルメザンチーズ (すりおろし)
- シューストリングポテト

ソーセージをお好みで焼き、パンに挟む。
サルサ、コーン、ニンジン、カナディアンベーコン、パルメザンチーズ、
シューストリングポテトをトッピングする。

HOT DAWGS ホットドッグ

1本分

材料
- ソーセージ
- ホットドッグバンズ
- ベーコン(焼いて砕いたもの)
- ブラックビーンズ(水煮)
- 赤パプリカ(さいの目切り)
- ホットソース
- マスタード

ソーセージをお好みで焼き、パンに挟む。ベーコン、ブラックビーンズ、
赤パプリカ、ホットソース、マスタードをトッピングする。

GARDEN PUP HOT DOGS ガーデンパップ ホットドック

1本分

材料
- ソーセージ
- ホットドッグバンズ
- キュウリ（さいの目切り）
- ラディッシュ（輪切り）
- ネギ（輪切り）
- ランチドレッシング

ソーセージをお好みで焼き、パンに挟む。キュウリ、ラディッシュ、ネギ、
ランチドレッシングをトッピングする。

CANINE KRAUT HOT DOGS ケイナインクラウト ホットドッグ

1本分

材料
- ソーセージ
- ホットドッグバンズ
- トマト（さいの目切り）
- ザワークラウト
- アボカド（さいの目切り）
- マヨネーズ

ソーセージをお好みで焼き、パンに挟む。トマト、ザワークラウト、アボカド、
マヨネーズをトッピングする。

SOUTHWESTERN CHICKEN AND RICE DINNER

サウスウェスタンチキン＆ライスディナー

4人分

材料
- 早炊き玄米（未調理）.......... 2カップ
- 鶏むね肉（小）.......... 4枚
- ランチドレッシング.......... ¼カップ
- チリパウダー.......... 小さじ2
- カイエンペッパー
- シュレッドチェダーチーズ ... ½カップ
- ブロッコリーの小房.......... 4カップ
- 赤唐辛子（中・みじん切り）.......... 1個

ボウルに早炊き玄米と1と¾カップの水を入れて混ぜ、5分ほど放置する。野菜と鶏むね肉1枚を一緒に包める大きさの、厚手のアルミホイルを4枚用意する。ホイルにオイルスプレーを吹きつける。各ホイルの中央に玄米を同量ずつ置く。玄米の上に鶏むね肉1枚をのせ、チリパウダー小さじ½、カイエンペッパー 少々をそれぞれ振りかけ、ランチドレッシングをまんべんなくかける。チェダーチーズ大さじ1〜2、ブロッコリーの小房1カップ、赤唐辛子を上にのせる。ホイルを1人分ずつテント状にパックする。

ホイルパックを二重に包み、中火の炭火で18〜25分、またはむね肉に完全に火が通るまで加熱する。均一に火が通るように、調理中に何度かホイルパックを動かす。

ALL-AMERICAN BURGER オールアメリカンバーガー

4人分

材料
- 牛ひき肉.......... 約680g
- ウスターソース.......... 小さじ2
- パセリ（みじん切り）.......... 大さじ2
- オニオンパウダー.......... 小さじ2
- ガーリックパウダー.......... 小さじ1
- 塩.......... 小さじ1
- こしょう.......... 小さじ1
- ハンバーガーバンズ.......... 4個
- ケチャップ、マスタード、タマネギの みじん切り、レリッシュ（お好みで）

グリルを予熱するか、焚き火の上に焼き網を置く。ボウルに牛ひき肉、ウスターソース、パセリ、オニオンパウダー、ガーリックパウダー、塩、こしょうを入れ、手早くまんべんなく混ぜ合わせてハンバーグだねを作る。

厚さ1.5cmのハンバーグを4つ作る。熱した焼き網の上にハンバーグを並べる。8〜10分程焼いたら一度裏返し、好みの焼き加減になるまで焼く。ハンバーグをハンバーガーバンズにはさむ。お好みで、ケチャップ、マスタード、刻んだタマネギ、レリッシュを添えて召し上がれ。

ワンポイントアドバイス: 予め自宅で、パセリ、オニオンパウダー、ガーリックパウダー、塩、こしょうを合わせたハンバーガーミックスを作り、密閉容器に詰めておく。キャンプ場で牛ひき肉とウスターソースを加える。

CHICKEN ENCHILADA SKILLET チキンエンチラーダ スキレット

4人分

自宅で、オーブン用のフライパンにトマト、青唐辛子（お好みで）、エンチラーダソース、ブラックビーンズを入れて中火にかけ、煮立たせる。鶏むね肉に塩で下味をつけ、フライパンに加えて弱火で20分、途中で裏返し全体に火が通るまで煮る。

オーブンをグリル設定にして予熱しておく。鶏むね肉を細切りにし、コーントルティーヤを入れて混ぜる。蓋をして5分ほど煮る。蓋を開けてアルミホイルパンに移し、モントレージャックチーズを振りかけて1〜2分、チーズが溶けるまでオーブンで焼く。

キャンプでは、ホイルパンを炭火の上や焚き火に置いた焼き網にのせて再加熱する。ネギ、アボカド、トマト、サワークリームをトッピングして召し上がれ。

材料

- ダイストマト缶
  ⋯⋯⋯⋯⋯⋯⋯ 1缶(約300ml)
- 青唐辛子(お好みで)
- エンチラーダソース ⋯ 1カップ
- ブラックビーンズ
  (水煮／水を切ってすすぐ)1カップ
- 鶏むね肉(小) ⋯⋯⋯⋯⋯⋯ 2枚
- 塩 ⋯⋯⋯⋯⋯⋯⋯⋯⋯⋯⋯調味用
- コーントルティーヤ
  (一口大にカット) ⋯⋯⋯⋯ 4枚
- シュレッドモントレージャック
  チーズ⋯⋯⋯⋯⋯⋯⋯ ½カップ
- ネギ、アボカド、トマト、サワークリーム(トッピング用)

STUFFED FRANKFURTERS スタッフド フランクフルト

8人分

材料
- フランクフルト ………………… 8本
- スタッフィングミックス(予め調理)
  …………………… 1袋(約170g)
- ベーコン ………………………… 8枚

グリルを予熱するか、焚き火の上に焼き網を置く。フランクフルトに縦に切れ目を入れ、用意したスタッフィングミックスを詰める。

ベーコンを詰め物がはみ出ないようにフランクフルトに巻きつけ、串を刺し固定する。グリルか焼き網で、ベーコンとフランクフルトがお好みの焼き加減になるまで焼く。食べる前に串をはずす。

ワンポイントアドバイス：自宅でスタッフィングミックスを作り、密閉容器に入れる。調理の直前までクーラーボックスに入れておく。

FAVORITE CHEDDAR BURGER お気に入りチェダーバーガー

4人分

材料
- 牛ひき肉 ………………… 約450g
- ステーキソース
  …………… ⅓カップ(分けて使用)
- スライスチェダーチーズ……… 4枚
- タマネギ(中・短冊切り) ……… 1個
- ピーマンまたは赤パプリカ
  (中・短冊切り) ………………… 1個
- バターまたはマーガリン…… 大さじ1
- ハンバーガーバンズ ………… 4個
- トマト(スライス)……………… 4切れ

グリルを予熱するか、焚き火の上に焼き網を置く。ボウルに牛ひき肉とステーキソース大さじ3を入れ、混ぜ合わせる。手早くまんべんなく混ぜて4等分にする。

チェダーチーズを1枚ずつハンバーグだねの中に入れ、ハンバーグの形に整えて置いておく。

フライパンを火にかけ、バターでタマネギとピーマンまたは赤パプリカを、柔らかくなるまで炒める。残りのステーキソースを入れ、保温しておく。ハンバーグを焼き網にのせて8～10分程焼く。1回裏返し、好みの焼き加減になるまで焼く。ハンバーグが焼き上がったら、ハンバーガー用バンズにはさむ。ハンバーガーにトマトのスライスと炒めたタマネギとピーマンまたは赤パプリカをトッピングする。

SAUSAGE PIZZA ON A STICK 串刺しソーセージピザ

12人分

材料
- ピザ生地 ……………… 約390g
- 小麦粉
- イタリアンソーセージ（ぶつ切り） ……………… 約540g
- フレッシュマッシュルーム（丸ごと） ……………… 12個
- プチトマト ……………… 12個
- タマネギ（2〜3cm角に切る） …… 1個
- ピーマン（2〜3cm角に切る） …… 1個
- ペパロニスライス ……………… 36枚
- ピザソース
- パルメザンチーズ（すりおろし）

薄く小麦粉をまぶした台の上でピザ生地を四角形に広げ、2.5cm幅で12本にカットする。バーベキューフォークかバーベキュー串に生地の端を刺し、加熱調理したソーセージ、マッシュルーム、プチトマト、タマネギ、ピーマン、ペパロニの各具材を、生地をじゃばら折りにしつつ、その間へ交互に串刺ししていく。これを繰り返して、残り11本の串刺しピザを作る。

野菜が柔らかくなり、ピザ生地がきつね色になるまで何度か裏返しながら、10〜15分ほど火にかけてじっくりと焼く。生地にしっかり火が通るまで、ちょっと辛抱。ピザソースを鍋に入れ、火にかけて温める。串にパルメザンチーズを振りかけ、温かいピザソースをかけて食べる。

BLUE CHEESE AND BACON STUFFED BURGERS

ブルーチーズ&ベーコンインハンバーグ

4個分

材料

- 牛ひき肉 ……………………… 約680g
- ベーコン(焼いて砕く) …………… 8枚
- ブルーチーズ(砕いたもの) … 1カップ

自宅で、薄い牛ひき肉パテを8枚作る。ブルーチーズとベーコンを混ぜ合わせる。ブルーチーズとベーコンを混ぜたものを4枚のパテにのせ、残り4枚のパテでそれぞれ挟み、ふちを押さえて具を閉じ込めた4つのハンバーグだねを作る。丈夫なアルミホイルに包んで冷凍する。

キャンプでは、焚き火の上に焼き網を置き、加熱する。

MEATLOAF BURGERS ミートローフバーグ

4個分

材料

- 牛ひき肉 ……………………… 約450g
- 卵 ………………………………… 1個
- パン粉または生パン粉 ……… ½カップ
- 塩、こしょう ……………………… 調味用
- タマネギ
  (みじん切りまたは千切り) …… ½カップ
- ウスターソース ……………… 小さじ2
- ドライマスタード …………… 小さじ1

自宅で、卵を溶き、清潔な手ですべての材料をよく混ぜ合わせる。ハンバーグだねを4つ成形し、アルミホイルに包んで冷凍する。

キャンプでは、焚き火の上に焼き網を置き、加熱する。

CHAPTER 3:
GRILLED SANDWICHES

チャプター3
グリルサンドイッチ

- 各レシピに記載されている材料（人数分・個数等）は、あくまでも目安です。

- 各レシピの材料には、日本ではあまり一般的でないものも含まれていますが、原本のレシピを忠実に再現できるようそのまま掲載しています。用意が難しい場合は、注釈を参考に代替品をご使用ください。

- 各レシピの材料の分量を示す「カップ」は、アメリカ規格の【カップ＝約240ml】です。日本規格のカップとは分量が異なるため、市販のアメリカ規格のカップをご使用ください。

APPLE-CINNAMON GRILLED CHEESE アップルシナモン グリルチーズ

食パン2枚でサンドイッチ1個分

材料
- 刻んだクルミ ················· ⅓カップ
- ハチミツ ······················· 大さじ1
- クリームチーズ（柔らかくしておく）
  ····························· 約60g
- シナモンパウダー ········· 小さじ¼
- シナモンレーズンブレッド ········ 2枚
- 青リンゴまたは黄色リンゴ（スライス）
  ···························· 3〜4枚
- スライスチェダーチーズ ········· 1枚
- バター

フライパンにクルミとハチミツを入れ、中火で数分間加熱して軽く炒る（焦げないように注意）。ボウルにクリームチーズとシナモンパウダー、炒ったクルミを入れて混ぜ合わせ、パンに均等に塗る。その上にリンゴとチェダーチーズをのせ、もう1枚のパンをのせて軽く押さえる。

フライパンの汚れを拭き取り、中弱火にかけて熱する。サンドイッチの外側にバターを塗り、フライパンで片面2〜3分ずつ、チーズが溶けてきつね色になるまで焼く。

INSIDE-OUT JALAPEÑO POPPERS インサイドアウト ハラペーニョポッパーズ

パン2枚でサンドイッチ1個分

材料

- コーンフレーク
- 塩、こしょう、ガーリックパウダー、クミン
- 全粒粉パン
- クリームチーズ（柔らかくしておく）
- チェダーチーズ
- 焼きパプリカの瓶詰め（汁気を切る）
- ハラペーニョ

ホットサンドメーカーに油を塗る。コーンフレークを砕き、調味料と混ぜ合わせる。パン1枚にオイルスプレーをかけ、砕いたシリアルをつける。その面を下にしてホットサンドメーカーにのせる。

ホットサンドメーカーにのせたパンにクリームチーズを厚めに塗り、チェダーチーズと焼きパプリカ、スライスし種を取り除いたハラペーニョをのせる。

2枚目のパンもオイルスプレーをかけて砕いたシリアルをつけ、クリームチーズを反対の面に塗る。砕いたシリアルのついた面を上にして、ハラペーニョの上に置く。ホットサンドメーカーを閉じ、両面をこんがりと焼く。

CHEESY SPINACH CALZONES チーズとほうれん草のカルツォーネ

4人分

材料

- ピザ生地
- ベビーほうれん草
- タマネギ(みじん切り)
- パプリカ(スライス)
- マッシュルーム(薄切り)
- ニンニク(みじん切り)
- アルフレッドソース
- モッツァレラチーズ
- 塩、こしょう

ホットサンドメーカーにオイルスプレーを吹きつける。

ピザ生地を薄く伸ばし、ホットサンドメーカーの大きさに合わせて切り分け、1枚をホットサンドメーカーの内側に押し広げる。

ほうれん草、タマネギ、パプリカを写真のようにのせる。

マッシュルーム、ニンニク、アルフレッドソース、モッツァレラチーズをのせ、塩、こしょうを振る。もう1枚の生地を上にのせ、蓋を閉じて熱い炭火で焼く。生地が焼けてきれいな焦げ目がつくまで、時々返しながら焼く。

お好みのディップソースで楽しんで!

SLOPPY JOES スロッピージョー

食パン2枚でサンドイッチ1個分

材料

- ポテトブレッド※1
- スロッピージョーミックス※2 … 1缶
- 牛ひき肉(炒める) ……………… 約450g
- お好みのチーズ

※1「ポテトブレッド」：パン生地にジャガイモ粉
　やジャガイモを混ぜて焼いたパン。食パン等
　で代用可。
※2「スロッピージョーミックス」：「スロッピー
　ジョー」はミートソースを挟んだアメリカの
　サンドイッチの一種で、スロッピージョーミッ
　クスはミートソースのシーズニングミックス。
　日本では入手困難のため、牛ひき肉を炒める
　際にタマネギやトマトソース、お好みの香辛
　料を混ぜ合わせ、ウスターソース等でお好み
　の味付けを。

ホットサンドメーカーにオイルスプレーを吹きつけ、ポテトブレッドのスライスをのせる。
スロッピージョーミックスと調理済みの牛ひき肉を混ぜ合わせ、スプーンでパンの上にのせ、チーズをのせる。もう1枚のポテトブレッ
ドをその上にのせ、蓋を閉じてパンの余分を切り落とす。熱い炭火にかざしながら、中身に火が通り焼き目がつくまで焼く。

TOASTED BLT トーストBLT

食パン2枚でサンドイッチ1個分

材料

- 全粒粉パン
- マヨネーズ
- トマト
- ベーコン（お好みで調理）
- レタスの葉

ホットサンドメーカーに油を塗り、少量のマヨネーズを塗ったパンをのせる。スライスしたトマトをパンの上に2枚ほどのせる。

ベーコンをのせて1枚のパンをかぶせ、蓋を閉じてパンの余分を切り落とす。熱い炭火でパンの両面がこんがりするまで焼く。レタスの葉に包んで召し上がれ。

PEANUT BUTTER WAFFLES ピーナッツバターワッフル

ワッフル**2**枚でサンドイッチ**1**個分

材料
- 冷凍ワッフル(解凍)
- ピーナッツバター
- バナナ
- レーズンチョコレート
- ハチミツ

ホットサンドメーカーにワッフルをのせ、ピーナッツバターを塗ってスライスしたバナナをのせる。

レーズンチョコレートを加え、2枚目のワッフルをかぶせてホットサンドメーカーを閉じ、はみ出た余分なワッフルを切り落とす。熱い炭火で焼く。ハチミツと一緒に召し上がれ。

STUFFED TOAST スタッフド トースト

シナモンブレッド2枚でサンドイッチ1個分

材料
- 卵
- 牛乳
- シナモンブレッド
- クリームチーズ
- 刻んだナッツ
- 刻んだ桃
- 砂糖

卵に牛乳少々を入れて混ぜ合わせ、シナモンブレッドの両面を浸す。

油を塗ったホットサンドメーカーにのせる。

その上にクリームチーズをたっぷり塗り、刻んだナッツと桃をのせて砂糖をまぶす。

もう1枚のシナモンブレッドを卵液につけ、その上にのせる。

ホットサンドメーカーの蓋を閉じ、熱い炭火で両面に焼き色がつくまで焼く。

HOT CHICKEN SALAD PITAS ホットチキンサラダ ピタ

ピタ1枚につき1人分

材料

- 鶏肉(加熱調理済み・角切り) … 2カップ
- セロリ(さいの目切り) ………… 1カップ
- アーモンドスリバード
  (縦割りアーモンド) …………… ½カップ
- マヨネーズ ………………………… 1カップ
- レモン果汁 ……………………… 大さじ2
- シュレッドシャープチェダーチーズ
  ………………………………………… 1カップ
- 塩、黒こしょう……………………… 調味用
- ピタパン
- プチトマト(お好みで)

自宅で、蓋つきの保存容器に鶏肉、セロリ、アーモンド、マヨネーズ、レモン果汁、シャープチェダーチーズ、塩、黒こしょうを入れて混ぜ合わせる。冷やして味をなじませる。

キャンプでは、ピタパンに混ぜ合わせた具材を詰め、アルミホイルで包み熱い炭火の中に入れて火を通す。ホイルを開け、お好みでトマトを添えて召し上がれ。

ワンポイントアドバイス: 鶏肉、セロリ、アーモンドを細かく切り、ジッパー付きのビニール袋に保存しておけば、キャンプ場で袋の角を切って具材をピタパンに絞るだけでOK。袋を捨てれば、汚れた食器を洗う必要もなし。

S'MORES HAND PIES スモア※ ハンドパイ

2人分

※「スモア」：焼いたマシュマロをチョコレートと一緒にクラッカーや
ビスケットではさんだ、北米のキャンプやBBQで定番のお菓子。

材料

- グラハムクラッカークラム※
- 砂糖
- パイ生地
- 溶かしバター
- ホイップフロマージュ
- ミニマシュマロ
- チョコチップ

※「グラハムクラッカークラム」：溶かしバター
と混ぜてチーズケーキの台などに使用する、
グラハムクラッカーを砕いた粉。グラハムク
ラッカーをミキサーやフードプロセッサー
などで粉砕してもOK。

グラハムクラッカークラムに砂糖少々を加えて混ぜる。
ホットサンドメーカーに合う大きさにカットしたパイ生地に、バター、グラハムクラッカークラムを順につけていく。
生地をホットサンドメーカーにのせ、ホイップフロマージュ、マシュマロ、チョコチップをのせる。もう1枚のパイ生地にバターとグ
ラハムクラッカークラムをつけ、上にのせる。ホットサンドメーカーの蓋を閉め、炭火の中できつね色になるまで焼く。

REUBENS ON THE FIRE ルーベン※ オンザファイヤー

2人分

材料
- スライススイスチーズ ………… 2枚
- ライ麦パン ……………………… 4枚
- コンビーフ（スライス） ……… 4～6枚
- ザワークラウト ………… 大さじ4～6
- サウザンドアイランドドレッシング
  ………………………… 大さじ2～4

炎が上がるように火を起こす。ホットサンドメーカーの両面にオイルスプレーをたっぷり吹きつける。
チーズ1枚、コンビーフ2～3枚、ザワークラウト大さじ2～3、ドレッシング大さじ1～2をはさんでサンドイッチを作る。ホットサンドメーカーでサンドイッチをはさみ、片面3～5分ずつ両面を炎にあてる。火からおろし、ホットパッドやオーブンミットで丁寧に開く。残りの材料も同様に焼く。

※「ルーベン」：ライ麦パンにコンビーフ、ザワークラフト、スイスチーズ、ドレッシングを挟んでグリルしたアメリカで定番のサンドイッチ、「ルーベンサンド」のこと。

GRILLED CHEESE PERFECTION 極上グリルチーズ

1人分

材料
- バター（柔らかくしておく） …… 大さじ1
- 食パン ……………………………… 2枚
- スライスアメリカンチーズまたは
  スライスチェダーチーズ ……… 2枚
- スライストマト ………………… ひと切れ

炎が上がるように火を起こす。ホットサンドメーカーの両面にオイルスプレーをたっぷり吹きつける。
食パンそれぞれの片面にバターを塗る。バターを塗った面を下にして、ホットサンドメーカーの片側にのせる。その上にチーズ1枚、トマト、残りのチーズと順番にのせ、もう1枚の食パンのバターを塗った面を上にしてかぶせる。ホットサンドメーカーの蓋を閉じ、片面3分ずつ両面を炎にあてる。火からおろし、ホットパッドやオーブンミットで丁寧に開く。

PHILLY CHEESESTEAKS フィリーチーズステーキ※

4人分

※「フィリーチーズステーキ」：炒めた薄切りの牛肉とタマネギ、チーズをパンにはさんだサンドイッチ。

材料
- フランスパン生地
- ローストビーフ
- スライスチーズ
- タマネギ(スライス)
- パプリカ(スライス)

熱したホットサンドメーカーの内側に、オイルスプレーを吹きつける。パン生地をホットサンドメーカーに合わせてカットする。2枚の生地の間にローストビーフ、チーズ、タマネギ、パプリカをはさむ。

ホットサンドメーカーの蓋を閉じて炭火に入れ、パン生地がこんがりとするまで、焦げ付かないようによく確認しながら焼く。

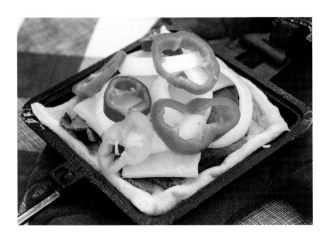

QUICK QUESADILLAS クイックケサディーヤ※

トルティーヤ1枚につき1人分

※「ケサディーヤ」：チーズやトウモロコシなど、旨味の強い具材を
トルティーヤにはさんで食べる料理。

材料

- マッシュルーム（みじん切り）
- 青ネギ（細かく刻む）
- 赤パプリカ（細かく刻む）
- 小麦粉のトルティーヤ
- シュレッドチーズ
- その他のトッピングはお好みで

トルティーヤを広げ、手前半分にチーズと野菜をのせる。トルティーヤを折りたたみ、のせた具材を覆う。
厚手のアルミホイルで包み、端を二重に折り返して密封する。熱い炭火の上に直接ホイルパックを置き、シュレッドチーズが溶け
るまで5〜10分間焼き、トングで取り出す。
少し冷ましてからホイルを広げ、食べやすい大きさにカットするか、丸ごと召し上がれ。

AVOCADO TUNA MELTS アボカドツナメルト※

2人分

※「ツナメルト」: ツナとマヨネーズを和えたものをチーズと一緒にサンドイッチにしたり
オープンサンドにしたりして、チーズがとけるまでグリルした料理。

材料

- アボカド ····························· 1個
- ツナ ································· 1缶
- タマネギ(粗みじん切り) ········ 大さじ2
- 松の実 ·························· 大さじ2
- ライ麦パン ························· 4枚
- スライスプロボローネチーズ ··· 2枚
- トマト(薄くスライス)
- ベーコン(お好みで調理)

アボカドを半分に切る。種を取り出して皮をむき、実をボウルに入れてツナ、タマネギ、松の実を加え混ぜ合わせる。それを2枚のパンに均等に分けてのせる。それぞれにプロボローネチーズを1枚、トマトとベーコンを2、3枚ずつのせ、残りのパンでサンドする。オイルスプレーをグリルバスケットの内側とサンドイッチの外側に吹きつける。グリルバスケットにサンドイッチをセットし、弱火にかざして何回か裏返しながら両面をゆっくりと焼く。

HOT SOURDOUGH DELI SANDWICHES

4人分

ホットサワードウ デリサンドイッチ

材料

- サワードウブレッド ⋯⋯⋯⋯⋯ 8枚
- ハム(薄切り)⋯⋯⋯ 約140g～170g
- スモークターキー(薄切り)
  ⋯⋯⋯⋯⋯⋯⋯ 約140g～170g
- パストラミビーフ(薄切り)
  ⋯⋯⋯⋯⋯⋯⋯ 約140g～170g
- 新タマネギ(薄い輪切り) ⋯⋯⋯ 4枚
- マッシュルーム(スライス) ⋯ ⅔カップ
- ピーマン(スライス) ⋯⋯⋯⋯ ⅔カップ
- ベーコン(焼いて砕く) ⋯⋯⋯⋯ 4枚
- スライスプロボローネチーズ ⋯ 4枚

4枚のパンにハム、スモークターキー、パストラミビーフを同量ずつ重ね、その上に新タマネギとマッシュルーム、ピーマンを均等にのせる。砕いたベーコンを散らし、プロボローネチーズをのせる。残りのパンでそれぞれをサンドする。約35cmにカットした厚手のアルミホイルを4枚用意し、それぞれのサンドイッチをフラットになるようしっかり包む。

ホイルを二重に包み、炭火の上に置いて8～10分、またはサンドイッチに熱が通るまで、途中一度裏返して焼く。

キャンプ場での調理に関する注意点

- 火の温度が高い、気温が高く風がない、食材がすでに室温の状態、作る量が少ないなどの条件が揃うと、通常より早く火が通るので注意。
- 焦げ付かないようにする。厚手のアルミホイルか普通のホイルを2枚重ねにし、5～10分ごとに食材を動かして焦げ付きを防ぐ。
- 火加減に気をつける。調理器具やホイルパックを灼熱の炭火や燃え盛る炎に入れるのはNG。火が弱火になるのを待ち、割って小さな炭にして使用すると、炭火を必要な場所に移動させ火加減を調整できるので便利。

CHAPTER 4:
SINFUL SIDES AND COMFORT CARBS

チャプター4
ジャンクなサイドディッシュと家庭料理

- 各レシピに記載されている材料（人数分・個数等）は、あくまでも目安です。
- 各レシピの材料には、日本ではあまり一般的でないものも含まれていますが、原本のレシピを忠実に再現できるようそのまま掲載しています。用意が難しい場合は、注釈を参考に代替品をご使用ください。
- 各レシピの材料の分量を示す「カップ」は、アメリカ規格の【カップ＝約240ml】です。日本規格のカップとは分量が異なるため、市販のアメリカ規格のカップをご使用ください。

BABY REDS ベビーレッズ

8人分

材料

- ベビーレッドポテト※‥‥‥‥‥16個
- オリーブオイル ‥‥‥‥‥‥ ¼カップ
- ガーリックパウダー、塩、黒こしょう
  ‥‥‥‥‥‥‥‥‥‥‥各小さじ1
- お好みのチーズ
  (5cm四方、厚さ5mmに切る)
  ‥‥‥‥‥‥‥‥ 16枚(約230g)
- チャイブ(みじん切り) ‥‥‥‥ 大さじ2
- 串(水に30分浸した木製串、または金属製
  串)
- サワークリーム(お好みで)

※「ベビーレッドポテト」：日本ではほとんど市
販されていないので、カットした赤ジャガイ
モやベビーポテト等で代用を。

自宅で、ジャガイモを電子レンジ対応のボウルに入れ、¼カップの水を入れる。蓋を
せずに電子レンジで10分間、または柔らかくなるまで加熱し、お湯を切って手で触れ
られるくらいに冷ます。ジャガイモの端を切り落とし、平らな面を作る。

ボウルにオリーブオイル、ガーリックパウダー、塩、黒こしょうを入れて混ぜ合わせ、ジャ
ガイモを加えてよくからませる。蓋をして1時間冷やす。

キャンプでは、中火くらいになるよう火をおこし、焼き網に油を塗る。ジャガイモの平ら
な面を揃えて串に刺し、その平らな面が下になるように焼き網にのせる。
アルミホイルで覆い、焼き目がつくまで約5分ほど焼く。
平らな面が上になるよう裏返し、ジャガイモそれぞれにチーズをのせる。

再びホイルで覆い、チーズが溶けるまで熱したら、すぐにチャイブと黒こしょうを振り
かける。お好みでサワークリームを添えて召し上がれ。

GRILLED POTATO SALAD グリルド ポテトサラダ

4人分

材料

- 新ジャガイモ（4等分に切る）
  .... 約680g
- 赤またはオレンジのパプリカ
  （約2.5cmの短冊切り）............... 1個
- セロリ 1本
- 青ネギ 1本
- ベビーディルピクルス 3個
- マヨネーズ .... ¾カップ
- アップルサイダービネガー 大さじ2
- マスタード 大さじ1
- 刻んだチャイブまたはディル ... 少量
- 固ゆで卵（さいの目切り）........ 4個
- 塩、黒こしょう .... 調味用

グリルまたは焼き網に火を入れて中火にし、油を塗ったグリルパンを加熱する。塩を加えた湯でジャガイモを5分ほど茹で、冷水で洗う。

ジャガイモ、パプリカ、セロリ、青ネギ、ピクルスを熱したグリルパンに並べ、10分ほど焼くか全体に少し焦げ目がついて柔らかくなるまで焼き、まな板に移して冷ます。

ボウルにマヨネーズ、アップルサイダービネガー、マスタード、チャイブまたはディルを入れ、混ぜ合わせる。まな板の野菜が冷めたら、ジャガイモを食べやすい大きさに切り、残りの野菜を粗く刻んでマヨネーズを混ぜたボウルに入れる。ゆで卵を加え、よく混ぜ合わせる。塩、黒こしょうで味を調える。

作るのは家でもキャンプでもOK！

POTATO SALAD ONIONS ポテトサラダオニオン

4人分

作るのは家でも
キャンプでもOK！

材料

- タマネギ(中) 4個
- ポテトサラダ(惣菜) 1カップ
- シュレッドチェダーチーズ … ½カップ
- ベーコン(焼いて砕いたもの) …… 4枚

間接焼き用に、焼き網の半分ほどの場所に中火くらいの火をおこす。タマネギの皮をむき、上3分の1を切り落とす。切り落とした部分は残しておく。下部は平らになるように切り落とす。タマネギの外側2枚を残して中身を取り除き、ボウル状にする。取り除いた部分は、別のレシピのために取っておく。

ポテトサラダ、チェダーチーズ、ベーコンを混ぜ合わせ、ボウル状にしたタマネギにスプーンですくって入れる。切り落とした上部分のタマネギで蓋をし、厚手のアルミホイルを空気を含むようにふんわり巻く。

焼き網の直火にならない場所に置いて20分ほど、柔らかくなるまでじっくり焼く。蒸気でやけどしないよう、注意して開ける。

ALFREDO MAC AND CHEESE アルフレッドソースのマック&チーズ

4～6人分

材料

- エルボーマカロニ (未調理)
  ……………………………… 1と½カップ
- アルフレッドソース ………… 1カップ
- シュレッドシャープチェダーチーズ
  ……………………………………… ½カップ
- パルメザンチーズ (すりおろし)
  ……………………………………… ½カップ
- シュレッドモッツァレラチーズ
  ……………………………………… ¼カップ
- 塩、黒こしょう ………………… 調味用
- ハーフ&ハーフ (牛乳1:生クリーム1)
  … ¼カップ～½カップ+(キャンプ用)
- ベーコン (砕いたもの)

自宅で、アルミホイルパンにオイルスプレーを吹きつけ、脇に置いておく。マカロニをパッケージの表示通りに茹で、水気を切って洗う。アルフレッドソース、チェダーチーズ、パルメザンチーズ、モッツァレラチーズ、塩、黒こしょうを混ぜる。ハーフ&ハーフを加えて十分に混ぜ合わせ、ソース状にする。マカロニを混ぜ合わせ、下準備したホイルパンに移す。ベーコンをのせ、オイルスプレーをかけたアルミホイルでしっかりと蓋をし、冷やしておく。

キャンプでは、蓋をしたマック&チーズを熱い炭火の上に置いた焼き網かグリルの上で温める。水気が足りない場合は、ハーフ&ハーフや牛乳 (分量外) を少量加える。熱いうちに召し上がれ。

DUTCH OVEN CORNBREAD ダッチオーブン コーンブレッド

6人分

材料	
• 小麦粉	½カップ
• 砂糖	½カップ
• 塩	小さじ2
• 重曹	小さじ½
• コーンミール	1と½カップ
• バターミルク	1カップ
• 溶かしバター	大さじ2
• 溶き卵	2個分
• 牛乳	1カップ
• バター、ハチミツまたはシロップ	

自宅で、蓋つきの容器に小麦粉、砂糖、塩、重曹、コーンミールを入れて混ぜ合わせる。

キャンプでは、自宅で作った小麦粉ミックスをボウルに入れ、バターミルクを加えて混ぜ合わせ、溶かしバターを加える。卵と牛乳を入れてよく混ぜる。油を塗ったダッチオーブンに生地を入れ、熱した炭を7本ほど焚き火台にセットし、その上に置く。ダッチオーブンの蓋の上に15個ほどの熱した炭を置き、鍋と蓋を数回回転させながら、35〜45分ほど焼く。爪楊枝を刺して何も付いてこなければ焼き上がり。焼き上がりが近づいたら、蓋の中心辺りに炭を数個移動させ、焼き色をつきやすくする。

THREE-CHEESE MAC WITH BRUSSELS SPROUTS 芽キャベツ入り3種のチーズマック

4〜6人分

材料

- エルボーマカロニ(未調理) ⋯ 1カップ
- 植物油⋯⋯⋯⋯⋯⋯⋯⋯⋯⋯ 小さじ2
- エシャロット(みじん切り) ⋯⋯⋯⋯ ½個
- ニンニク(みじん切り) ⋯⋯⋯⋯ 小さじ½
- 芽キャベツ(千切り) ⋯⋯ 110〜115g
- バター⋯⋯⋯⋯⋯⋯⋯⋯⋯⋯⋯ 大さじ1
- 小麦粉⋯⋯⋯⋯⋯⋯⋯⋯⋯⋯⋯ 大さじ1
- 牛乳⋯⋯⋯⋯⋯⋯⋯⋯⋯⋯⋯ ¾カップ
- ハーフ&ハーフ(牛乳1:生クリーム1) ⋯⋯⋯⋯⋯⋯⋯⋯⋯⋯⋯⋯⋯ 大さじ3
- シュレッドフォンティーナチーズ ⋯⋯⋯⋯⋯⋯⋯⋯⋯⋯⋯⋯⋯ ¾カップ
- シュレッドホワイトチェダーチーズ ⋯⋯⋯⋯⋯⋯⋯⋯⋯⋯⋯⋯⋯ ½カップ
- パルメザンチーズ(すりおろし) ⋯⋯⋯⋯⋯⋯⋯⋯⋯⋯⋯ 大さじ1と½
- ナツメグ⋯⋯⋯⋯⋯⋯⋯⋯⋯⋯⋯⋯ 少々
- ベーコン(焼いて刻む) ⋯⋯⋯⋯⋯ 3枚
- 細目パン粉⋯⋯⋯⋯⋯⋯⋯⋯⋯ 大さじ1
- パン粉⋯⋯⋯⋯⋯⋯⋯⋯⋯⋯⋯ 大さじ2

自宅で、オーブンを190℃に予熱しておく。マカロニをパッケージの表示に従い、オーブン用フライパンでアルデンテになるまで茹で、水を切って脇に置いておく。オーブン用フライパンは水気を拭き取る。

同じフライパンに植物油を入れて中弱火で熱し、エシャロット、ニンニク、芽キャベツを加える。よく混ぜながらしんなりするまで5分ほど炒め、茹でたマカロニを加える。

別のフライパンでバターを溶かし、小麦粉を加えて1分ほど、きつね色になるまでかき混ぜながら炒める。牛乳とハーフ&ハーフを入れ、中火で少しとろみがつくまでよく混ぜながら加熱する。フォンティーナチーズ、チェダーチーズ、パルメザンチーズ、ナツメグを加え、チーズが溶けるまでかき混ぜる。

マカロニと芽キャベツのフライパンにチーズソースと⅓の量のベーコンを入れ、よく混ぜ合わせる。2種のパン粉を振りかけ、残りのベーコンをのせる。蓋をせずに30〜35分、きつね色になるかプツプツと泡が出るまでオーブンで焼く。アルミホイルパンに移し、厚手のアルミホイルで包み冷凍する。

キャンプでは、熱した炭や焼き網の上に置いて、温めて召し上がれ。

CHEESY JALAPEÑO LOAF チーズハラペーニョローフ

6人分

材料

- シュレッドシャープチェダーチーズ
  .... 約230g
- ハラペーニョのピクルス
  （水気を切って刻む） .... ¼カップ
- 青ネギ（みじん切り） .... ½カップ
- バター（溶かして少し冷ます）... ¼カップ
- チャバタなどの丸い皮付きパン　1斤
- 海塩、乾燥オレガノ .... 調味用

シャープチェダーチーズ、ハラペーニョのピクルス、青ネギ、バターを混ぜ合わせる（チーズの袋の中で混ぜ合わせてもOK）。

大きめのアルミホイルにオイルスプレーを吹きつけ、中央にパンを置く。パンの底を切らないよう縦横に切れ目を入れ、切れ目に混ぜ合わせたチーズを均等に詰め込む。塩とオレガノを振りかけ、ホイルでパンを包み込んで密閉する。

アルミホイルパンに入れ、クッキングラックに置いて熱した炭火にかける。時々回転させながら、チーズが溶けるまで加熱する。

QUICK SWEET POTATOES AND APPLES

リンゴ風味の簡単スイートポテト

6人分

グリルに火を入れるか、焼き網を焚き火にセットして中火に調節する。アルミホイルを大きめに1枚切り、焦げ付き防止用のオイルスプレーを吹きつける。サツマイモをホイルの上でスライスする。ボウルにリンゴバター、ブラウンシュガー、水大さじ1、シナモンパウダーを入れて混ぜ合わせ、スプーンでサツマイモの上に垂らす。その上にバターを散らし、ホイルの両端を折り返して密閉し、巻き目を上にして15〜20分ほどよく焼く。

材料
- サツマイモの甘煮 (水気を切る)
  .... 約500g
- リンゴバター .... ¼カップ
- ブラウンシュガー.............. 大さじ2
- シナモンパウダー .... 小さじ¼
- バター........................ 大さじ1

BASIC GRILLED POTATO PACKETS

ベーシック グリルドポテトパケット

4〜6人分

グリルに火を入れるか、焼き網を焚き火にセットして中火に調節する。厚手のアルミホイル1枚にオイルスプレーを吹きつける。ホイルの中央でジャガイモに塩と黒こしょうを絡め、バターを散らすかオリーブオイルを垂らす。ジャガイモを包むようにホイルを折り畳み、端をしっかりと閉じて密閉する。20〜30分、または火が通り柔らかくなるまで、途中で1度慎重に裏返して両面加熱する。

材料
- ジャガイモ (皮をむいて薄切り)
  .... 680g〜900g
- 塩、黒こしょう...................... 調味用
- バターまたはオリーブオイル
  .... 大さじ2

BBQ BAKED BEANS BBQベイクドビーンズ

15〜20人分

グリルに火を入れるか、焼き網を焚き火にセットして中火に調節する。ボウルに牛ひき肉、オニオンスープ顆粒、バーベキューソース、水1カップ、イエローマスタード、酢、ブラウンシュガー、ポーク&ビーンズを入れて混ぜ合わせる。耐熱性のある鍋に入れ、厚手のアルミホイルで蓋をして約90分加熱する。

材料
- 牛ひき肉 (焼き色をつけて油気を切る)
  .... 900g
- オニオンスープ顆粒 約30g
- バーベキューソース 約500ml
- イエローマスタード .... ¼カップ
- 酢 大さじ1
- ブラウンシュガー................. ¼カップ
- ポーク&ビーンズ缶 (約425g) ... 2缶

HERBED NEW POTATOES 新じゃがハーブ

8人分

厚手のアルミホイルを約25cmの長さに8枚切る。各ホイルにオリーブオイルを塗る。ジャガイモを洗い、厚さ約5mmにスライスする。各ホイルに同量のジャガイモをのせる。タマネギを約5mm幅の輪切りにし、輪をほぐして同量ずつ、ホイルにのせたジャガイモの上にのせる。

各ホイルの野菜の上にローズマリー、塩、こしょう、カイエンペッパーを振りかける。ホイルの端を中身がこぼれないよう持ち上げ、残りのオリーブオイルを野菜の上にまわしかける。各ホイルをさらに、別のホイルでテントパック状に包む。

二重に包んだホイルパックを中火の上に置き、15～20分、またはジャガイモが柔らかくなるまで焼く。調理中に何度かホイルパックを返す。

材料
- オリーブオイル ……………… 1/3カップ
- 新ジャガイモ ……………… 約900g
- タマネギ(中)または甘タマネギ
  ……………………………………… ½個
- 乾燥ローズマリー ………… 小さじ½
- 塩 ……………………………… 小さじ¾
- こしょう …………………… 小さじ½
- カイエンペッパー………… ひとつまみ

BACON CORN MUFFINS ベーコンコーンマフィン

マフィン12個分

グリルに火を入れるか、焼き網を焚き火にセットして強火に調節する。耐熱フライパンを焼き網の上に置き、ベーコンをカリカリになるまで焼いて油気を切り、砕く。12個のマフィン型にベーキングカップを敷く。大きなボウルに小麦粉、コーンミール、砂糖、ベーキングパウダー、塩、重曹、黒こしょう、カイエンペッパーを入れて混ぜ合わせる。さらに、コーン、わけぎ、ベーコンを加えて混ぜ合わせる。中型のボウルに卵、サワークリーム、溶かしバターを入れて泡立てる。小麦粉ミックスに卵液ミックスを加え、さっくりと混ぜ合わせる。マフィン型に生地を流し込み、直接炭火が当たらない焼き網の上に並べる。グリルの蓋を閉めるか、マフィン型をアルミホイルでテント状に包み、20分またはよく火が通るまで焼く。

材料
- ベーコン ……………………… 5枚
- 小麦粉 ……………………… 1カップ
- コーンミール …………… 1カップ
- 砂糖 ………………………… ¼カップ
- ベーキングパウダー ……… 小さじ2
- 塩 ……………………………… 小さじ2
- 重曹 ………………………… 小さじ½
- 黒こしょう ………………… 小さじ½
- カイエンペッパー………………… 少々
- 冷凍コーン(解凍) ……… 1と½カップ
- わけぎ(大・みじん切り) ……… 4本
- 卵 ……………………………… 2個
- サワークリーム ………… 1カップ
- 溶かしバター …………… ¼カップ

BRIE BREAD ブリーチーズブレッド

6人分

材料
- チャバタなどの丸い皮付きパン　1斤
- ストロベリージャム
- ブリーチーズ（ホール）
- メイプルシロップ
- ブラウンシュガー

パンの上部を切り取り、中身を丸くくり抜く。ストロベリージャム、ブリーチーズ、ストロベリージャムの順番に入れ、メイプルシロップとブラウンシュガーを少々加える。

切り取ったパンの上部をのせ、丈夫なアルミホイルでパンを包む。アルミホイルパンにセットし、焼き網の上にのせて炭火で20分、または熱々でしっとり柔らかくなるまで焼く。パンをスライスして、温かいうちに召し上がれ。

BACON-WRAPPED ONIONS タマネギのベーコン巻き

6人分

材料
- 新タマネギ(大) ·············· 3個
- ベーコン ····················· 6枚
- バター ······················· 大さじ1

グリルに火を入れるか、焼き網を焚き火にセットして中火に調節する。
タマネギの皮をむく。よく切れるナイフで、各タマネギの上部から2.5cm×2.5cmほどの芯を慎重に取り除く。各タマネギにバター小さじ1を入れ、ベーコンを2枚ずつ巻きつけて爪楊枝でとめる。厚手のアルミホイルの上にタマネギを置き、端を持ち上げて上部で緩く合わせる。約45分、またはナイフの先で刺したときにタマネギを突き通せるほど柔らかくなるまで焼く。数分間冷ましてから、ホイルから取り出す。

BASIC POTATOES IN FOIL ポテトのホイル焼き

2〜4人分

材料
- ジャガイモ(大) ·············· 2個
- タマネギ(中) ················ 1〜2個
- 塩、こしょう
- ガーリックパウダー
- バター ······················· 大さじ2

厚手のアルミホイルを約40cmの長さに切る。ホイルにオイルスプレーを吹きつける。ジャガイモの皮をむいて薄切りにする。タマネギを小口切りにする。ホイルにジャガイモとタマネギを並べ、塩、こしょう、ガーリックパウダーをお好みで振りかける。カットしたバターを野菜の上に並べてホイルを包み、さらに別のホイルでテント状に包む。

二重に包んだホイルパックを中火の炭火の上に置き、20〜30分またはジャガイモが柔らかくなるまで加熱する。調理中、何度かホイルパックを裏返す。

アルミホイルに包んで焼くとパサつかずしっとり仕上がる上に、後片付けの手間も省いてくれる。厚手のアルミホイルか、普通のホイルを2枚重ねて使うのがおすすめ。破れにくく、焦がす心配も少ない。

STUFFED CHEESE BREAD スタッフド チーズブレッド

6人分

材料
- サワードウブレッド
- モッツァレラチーズ
- マッシュルーム
- 溶かしバター
- ガーリックパウダー
- イタリアンシーズニング

底を切らないよう注意して、パンに格子状の切れ目を入れる。大きなアルミホイルを二重にしてオイルスプレーを吹きつけ、その中央にパンを置く。モッツァレラチーズとマッシュルームをスライスし、それぞれの切れ目に押し込むように挟む。切り口にバターを垂らし、ガーリックパウダーとイタリアンシーズニングを振りかける。

パンをホイルで包んで密閉し、アルミホイルパンにのせて熱い炭火の上に置く。20〜25分、またはチーズが溶けるまで焼く。調理時間の半分あたりでパンを回転させる。ホイルを開けて召し上がれ!

GRILL-BAKED SWEET POTATOES グリルベイクド スイートポテト

6人分

グリルに火を入れるか、焼き網を焚き火にセットして中火に調節する。直火ではなく火から少し離した遠火で調理する。サツマイモを1本ずつアルミホイルで包み、焼き網の上の直火にならない場所に約1時間置き、柔らかくなるまで焼く。

鍋にバターを入れて溶かす。メイプルシロップ、ピーカンナッツ、シナモンパウダー、カイエンペッパー、塩を加え、ふつふつと沸くまで加熱する。焼きあがったサツマイモに、熱々のバターピーカンミックスをかけて召し上がれ。

材料
- サツマイモ ……………………… 6本
- バター ………………………… ¼カップ
- メイプルシロップ…………… ¼カップ
- 刻んだピーカンナッツ ……… 大さじ3
- シナモンパウダー、
  カイエンペッパー、塩 … 各小さじ½

CHAPTER 5:
VEGGIES

チャプター5
ベジタブル

- 各レシピに記載されている材料（人数分・個数等）は、あくまでも目安です。
- 各レシピの材料には、日本ではあまり一般的でないものも含まれていますが、原本のレシピを忠実に再現できるようそのまま掲載しています。用意が難しい場合は、注釈を参考に代替品をご使用ください。
- 各レシピの材料の分量を示す「カップ」は、アメリカ規格の【カップ＝約240ml】です。日本規格のカップとは分量が異なるため、市販のアメリカ規格のカップをご使用ください。

GARLIC AND ONION ASPARAGUS ガーリック＆オニオンアスパラガス

4人分

材料

- オリーブオイル ……………… 大さじ1
- ガーリックソルト ……………… 小さじ½
- オニオンパウダー ………… 小さじ½
- アスパラガス ………………… 約450g
- バター

アルミホイルパンにオリーブオイル、ガーリックソルト、オニオンパウダーを入れて混ぜ合わせる。アスパラガスを加えてからめ、重ならないように並べる。スライスしたバターを数枚のせ、熱したグリルで6〜8分、または焼き色がついて柔らかくなるまで焼く。そのままお皿に移して召し上がれ。

CAULIFLOWER WITH PARMESAN カリフラワーのパルメザンチーズ和え

4人分

材料

- カリフラワー 1株
- 溶かしバター .... ¼カップ
- シーズンドソルト 小さじ1と½
- パルメザンチーズ
  （シュレッドまたはすりおろし）... ¼カップ

グリルに火を入れるか、焼き網を焚き火にセットして中火に調節する。カリフラワーを房に切り、ボウルに入れる。バター、塩、パルメザンチーズを加えて絡め、厚手のアルミホイルにのせる。ホイルの端を持ち上げ、空気を含むようにふんわり包み込み、熱したグリルまたは焼き網に置く。10～15分、または歯ごたえが残りつつ柔らかくなるまで焼く。そのままお皿に移し、ホイルを丁寧に開いて召し上がれ。

BROCCOLI CASSEROLE ブロッコリーキャセロール

4人分

材料
- ブロッコリーの房‥‥‥‥‥‥ 6カップ
- クリームマッシュルームスープ
  ‥‥‥‥‥‥‥‥‥‥ 1缶(約305g)
- マヨネーズ ‥‥‥‥‥‥‥‥ ¼カップ
- ウスターソース‥‥‥‥‥‥ 大さじ1
- 塩、こしょう
- シュレッドチェダーチーズ ‥ ½カップ
- クルトン(味付き) ‥‥‥‥‥ ⅔カップ

厚手のアルミホイルを1枚、長め(約60cm)に切る。ホイルにオイルスプレーを吹きつけ、ブロッコリーをホイルの真ん中に置く。ホイルの端を液体が漏れないように立ち上げ、ひだをつける。ボウルにクリームマッシュルームスープ、マヨネーズ、ウスターソース、塩、こしょうを入れてよく混ぜ、ブロッコリーにかける。その上にチーズを振りかけ、クルトンをのせる。ブロッコリーの周りにホイルを巻き、テントパックにする。

ホイルパックを二重にして焚き火にセットし、中火に調節してブロッコリーが柔らかくなるまで10〜20分ほど加熱する。調理中に何度かパックを動かしながら焼く。

CITRUS BROCCOLI AND CARROTS ブロッコリーとニンジンのシトラス風味

6〜8人分

材料
- オレンジマーマレード ‥‥‥‥ ¼カップ
- 塩 ‥‥‥‥‥‥‥‥‥‥‥ 小さじ½
- ベビーキャロット ‥‥‥‥ 1と½カップ
- ブロッコリーの房‥‥‥‥‥‥ 6カップ
- ミカン缶(シロップを切る)
  ‥‥‥‥‥‥‥‥‥‥ 1缶(約325g)
- カシューナッツ ‥‥‥‥‥‥ ¼カップ

ボウルにオレンジマーマレードと塩を入れて混ぜ合わせる。ベビーキャロットをそれぞれ縦半分に切る。ベビーキャロットとブロッコリーをマーマレードに加え、よくかき混ぜてまんべんなく絡める。厚手のアルミホイル(約60cm)を1枚用意し、オイルスプレーを吹きつける。ベビーキャロットとブロッコリーをホイルの真ん中に置き、テント状に包む。

二重に包んだホイルパックを中火に調整した焚き火にかける。8〜15分、または野菜が柔らかくなるまで加熱する。調理中に何度かホイルパックを回転させる。

調理後にホイルパックを開け、ミカンを混ぜ合わせる。仕上げにカシューナッツを振りかけて召し上がれ。

SIMPLY CARROTS シンプリーキャロッツ

4人分

材料
- ニンジン(小) ⋯⋯⋯⋯⋯⋯⋯約450g
- グレープシードオイル ⋯⋯ 小さじ2
- 塩、黒こしょう

グリルに火を入れるか、焼き網を焚き火にセットして中火に調節する。パーチメントペーパーを敷いた厚手のアルミホイルにニンジンを並べ、グレープシードオイルをかけて塩と黒こしょうでしっかり味付けする。空気を含むようにホイルをふんわり折り畳み、十分熱した焼き網で15分間、または歯ごたえが少し残るくらいの柔らかさになるまで焼く。そのままお皿に移し、ホイルを丁寧に開いて召し上がれ。

RAINBOW PINWHEELS レインボーピンウィール

4人分

材料

- ホイップフロマージュ ……… ⅔カップ
- ランチシーズニング ………… 大さじ1
- ほうれん草のハーブトルティーヤ※
  (25cm) ………………………… 2枚
- ニンジン(粗みじん切り) …… ¼カップ
- 赤・黄パプリカ(粗みじん切り) ¼カップ
- ベビーほうれん草(刻む) …… ¼カップ
- 紫キャベツ(千切り) ………… ¼カップ

※「ほうれん草のハーブトルティーヤ」:インター
ネット通販等で輸入品が購入可能。他のトル
ティーヤでも代用可。

ホイップフロマージュとランチシーズニングを混ぜ合わせ、トルティーヤに均等に塗る。ニンジン、パプリカ、ベビーほうれん草、紫キャベツを混ぜ合わせ、それぞれのトルティーヤの縁を約2〜3cm残しながら同量ずつのせて広げる。トルティーヤをしっかりと巻き、1本ずつラップで包んで冷やす。あとはスライスして召し上がれ。

作るのは家でもキャンプでもOK!

ARTICHOKES AND CARROTS アーティチョークキャロット

6人分

材料
- ニンジン ・・・・・・・・・・・・・・・・・・・・・・・・ 8本
- アーティチョーク水煮缶　1缶(400g)
- レモン果汁 ・・・・・・・・・・・・・・・・・・・ 1個分
- 砂糖 ・・・・・・・・・・・・・・・・・・・・・・・・・・・ 大さじ1
- 溶かしバター ・・・・・・・・・・・・・・・ ¼カップ
- パセリのみじん切り ・・・・・・・・・ 大さじ2
- 塩 ・・・・・・・・・・・・・・・・・・・・・・・・・・・・ 小さじ1
- こしょう

ニンジンの皮をむいて短冊切りにする。アーティチョークの水気を切り、それぞれ四等分に切り分ける。ボウルにレモン果汁、砂糖、溶かしバター、パセリ、塩、こしょうを入れてよく混ぜる。30cm四方に切った厚手のアルミホイルを6枚用意し、それぞれにニンジンとアーティチョークを同量ずつのせ、ホイルの端を水分が流れ出ないようにしっかり立ち上げておく。バターミックスを同量ずつ野菜にかけ、それぞれのホイルをテント状に包む。

二重に包んだホイルパックを中火に調整した炭火に置く。18〜25分、またはニンジンが柔らかくなるまで加熱する。調理中に数回、ホイルパックを回転させること。

ASIAN ASPARAGUS アジアンアスパラガス

3〜4人分

材料
- オリーブオイルまたはごま油
  ・・・・・・・・・・・・・・・・・・・・・・・・・・・・・・ 大さじ2
- カイエンペッパー ・・・・・・・・・・・・・・・ 少々
- ブラウンシュガー ・・・・・・・・・・・・・ 小さじ1
- しょうゆ ・・・・・・・・・・・・・・・・・・・・・・ 小さじ2
- アスパラガス ・・・・・・・・・・・・・・・・ 約450g

ボウルにオリーブオイルまたはごま油、カイエンペッパー、ブラウンシュガー、しょうゆを入れて混ぜ合わせる。アスパラガスを加え、よく絡ませる。アスパラガスを包める十分な大きさのアルミホイルを1枚用意し、オイルスプレーを吹きつける。ホイルの端を水分が流れ出ないようにしっかり立ち上げておく。ホイルにアスパラガスを並べ、テント状に包む。

ホイルパックをさらに二重に巻き、温めた炭火に置いて10〜15分、またはアスパラガスが柔らかくなるまで加熱する。調理中に数回、ホイルパックを回転させること。

CAULIFLOWER WITH SPICY CHEESE SAUCE

カリフラワーのスパイシーチーズソース

4人分

材料
- カリフラワーの房 4カップ
- チーズソース 約110g
- ホットペッパーソース 小さじ1
- レッドペッパーフレーク
  .... 小さじ¼(お好みで)

カリフラワーすべてを包める大きさにアルミホイルを切る。焦げ付き防止に、ホイルにオイルスプレーを吹きつけ、カリフラワーを中央に置く。ボウルにチーズソース、ホットペッパーソース、レッドペッパーフレークを入れて混ぜ合わせる。

チーズソースをカリフラワーにかけ、ホイルでカリフラワーをテント状に包む。

二重に包んだホイルパックを中火に調整した焚き火にかける。カリフラワーが柔らかくなるまで8〜15分ほど加熱する。調理中に数回、ホイルパックを回転させる。

MOZZARELLA AND TOMATO SKEWERS

モッツァレラチーズとトマトの串焼き

6〜8人分

材料
- クラスティーブレッド※ 1斤
- グレープトマト 340g
- フレッシュモッツァレラチーズ
  (2.5cm大に切る) 約230g
- オリーブオイル .... ¼カップ
- フレッシュバジル(みじん切り)
  .... 小さじ2
- ガーリックパウダー 小さじ1
- 塩 .... 調味用
- 黒こしょう .... 調味用
- 串(水に30分浸した木製串、または金属製串)

グリルに火を入れるか、焼き網を焚き火にセットして強火に調節する。パンを一口大にスライスする。パン、グレープトマト、モッツァレラチーズを串に刺す。ボウルにオリーブオイル、バジル、ガーリックパウダーを入れて混ぜ合わせ、串に刺した具材の両面に塗って塩と黒こしょうを振りかける。パンがこんがりするまで、片面につき1〜2分ずつ焼く。

※「クラスティーブレッド」:バゲット等、皮の厚いハード系のパン。

ITALIAN SNAP PEAS イタリアンスナップエンドウ

4人分

グリルに火を入れるか、焼き網を焚き火にセットして中火に調節する。グリルラックにアルミホイルを敷き、その上にスナップエンドウを並べて青ネギを加える。溶かしバターをかけ、オレガノ、レモンゼスト、塩、黒こしょうを振りかける。約8分、または歯ごたえが少し残るくらいの柔らかさになるまで焼く。

材料
- スナップエンドウ ················· 450g
- 青ネギ(小口切り) ······················ 1本
- 溶かしバター ············ 大さじ1と½
- フレッシュオレガノ(みじん切り)
  ·································· 小さじ1と½
- レモンゼスト ··········· 小さじ1と½
- 塩 ································· 小さじ¾
- 黒こしょう ······················ 小さじ½

LAYERED VEGGIE SALAD レイヤード ベジサラダ

8人分

材料

- アップルサイダービネガー
  ·· ⅓カップ
- 砂糖 ······························ ⅓カップ
- オリーブオイル ············· ¼カップ
- 塩 ·························· 小さじ1と½
- 黒こしょう ················· 小さじ¼
- 赤タマネギ（みじん切り）······· ½個
- セロリ（みじん切り）·············· 2本
- 白いんげん豆の水煮缶
  （水洗いして水気を切る）
  ···························· 1缶（425g程度）
- パセリ（みじん切り）········· 1カップ
- キドニービーンズの水煮缶
  （水洗いして水気を切る）
  ···························· 1缶（425g程度）
- 黄パプリカ（みじん切り）··········· 1個
- ブラックビーンズの水煮缶
  （水洗いして水気を切る）
  ···························· 1缶（425g程度）
- 新鮮なローズマリー（みじん切り）
  ·· 大さじ1

自宅で、アップルサイダービネガー、砂糖、オリーブオイル、塩、黒こしょうを混ぜ合わせ、容量280ml程のフルーツジャー8個に均等に分ける。それぞれのジャーに残りの具材を重ねて入れる。蓋をしめてクーラーに入れる。

キャンプでは、ジャーを振ってドレッシングを野菜に行き渡らせ、そのままフォークで召し上がれ。

FOILED CABBAGE ホイルド キャベツ

4人分

材料

- キャベツ……………1個(色はご自由に)
- タマネギ(スライス)
- ベーコン(焼いて砕いたもの)
- ウスターソース
- レモン果汁
- パプリカパウダー、塩、黒こしょう
  ……………………………… 調味用

グリルに火を入れるか、焼き網を焚き火にセットして中火に調節する。キャベツを4つに切り、芯と外側の葉を捨てて油を塗った大きなアルミホイルに並べる。タマネギのスライスと焼いたベーコンを2〜3つかみ入れてあわせる。ウスターソースとレモン果汁を少々加える。パプリカパウダー、塩、黒こしょうを振りかける。

空気を含むようにふんわりとホイルを折り畳み、熱した炭火で15〜20分、柔らかくなるまで加熱する。蒸気でやけどをしないように注意し、ホイルを開けて召し上がれ。

VEGGIE PIZZA ベジタブルピザ

1枚分

材料
- ピザ生地 ･･････････････ 450g程度
- クリームチーズ ････････････ 450g程度
- ランチシーズニング ･･････ 30g程度
- お好みのシュレッドチーズ
  ･･････････････････ 6〜8カップ
- 色とりどりの生野菜(刻む)
  ･･････････････････ 6〜8カップ

自宅で、大きめの天板に油を塗り、ピザ生地を平らにのばして並べる。フォークで軽く穴をあけ、お好みの焼き具合に焼いて冷ます。柔らかくしたクリームチーズとランチシーズニングを混ぜ合わせ、冷ましたクラストの上に塗る。その上にシュレッドチーズをのせる。刻んだ野菜を混ぜ合わせ、チーズの上に広げる。ワックスペーパーで覆ってしっかりと押さえ、冷蔵庫で冷やす。ピザホイールでカットし、1枚ずつラップするとクーラーに入れやすい。

キャンプでは、冷えたまま召し上がれ。

LAYERED LETTUCE レイヤード レタス

8人分

材料
- サラダドレッシング
- レタス
- プチトマト
- スナップエンドウ
- ニンジン(刻むか千切り)
- セロリ(刻む)
- ヤングコーン

自宅で、容量280ml程のフルーツジャー8個にドレッシングを均等に入れる。それぞれのジャーにスナップエンドウ、プチトマト、ニンジン、セロリ、ヤングコーンを順に重ね、レタスを最後に重ねる。

キャンプでは、ジャーを振ってドレッシングを野菜に行き渡らせ、そのままフォークで召し上がれ。

PICNIC FOIL PACK ピクニックホイルパック

6人分

材料

- サヤインゲン ……………………… 450g
- プチトマト ……………………… 450g
- オレンジパプリカ(スライス) …… 1個
- 粗塩、黒こしょう ………… 各小さじ1
- グレープシードオイル
  　　　　　　　 大さじ3(分けて使用)
- レモン(半分に切る) ……………… 1個
- パセリ、チャイブ(刻む) …… 各大さじ1
- 乾燥タラゴン ………………… 小さじ1

グリルに火を入れるか、焼き網を焚き火にセットして中火に調節する。サヤインゲン、プチトマト、オレンジパプリカをボウルに入れ、粗塩、黒こしょう、グレープシードオイル大さじ2を加えて混ぜ合わせ、大き目にカットした厚手のアルミホイルに移す。半分に切ったレモンの1つをスライスし、野菜の上に並べる。

蒸し焼き用に、ホイルでふんわりと野菜を包み込み、端を折り返して封をする。グリルの上に置いて15〜20分、または野菜がしんなりするまで焼く。蒸気でやけどをしないよう、丁寧に開く。グレープシードオイル大さじ1と、残りのレモン半分の果汁を全体に振り、パセリ、チャイブ、タラゴンを散らす。

CAMPFIRE GREEN BEANS キャンプファイヤー グリーンビーンズ

6人分

材料

- オリーブオイル ……………… 大さじ2
- 甘タマネギ(刻む) ……………… 1個
- ニンニク(みじん切り) …………… 1片
- アーモンドスリバード
  (縦割りアーモンド) …………… ¼カップ
- 冷凍サヤインゲン ………… 約410g
- 塩、こしょう ………………………… 調味用

焼き網を焚き火で熱する。鋳鉄製のフライパンにオリーブオイル、甘タマネギ、ニンニク、アーモンドスリバードを入れて火にかける。甘タマネギが柔らかくなるまで5分ほど炒める。解凍したサヤインゲンを加え、塩、こしょうで味を調える。サヤインゲンに火が通るまで加熱する。

調理の成功のひけつ

- グリルや焼き網の上で鍋等の調理器具を使用する場合、底が焦げることがあるので注意すること。必ず耐熱性のある鋳鉄製やステンレス製、使い捨てのホイル製の鍋を使用する。
- ジャガイモやサツマイモなどの根菜類を焼くときは、下茹でしておくと焼き時間が短縮され、中に火が通る前に外側が焦げる心配もなし。
- サイドメニューやお菓子を焼くときは、焼き網を綺麗にしてから。パイナップルがハンバーガーのような味にならないように。
- 野菜や果物が網の上で崩れないように、適度に熟していて柔らかすぎないものを選ぶ。
- 炎の立ち上がりを防ぐためには、焼き網にあらかじめ油を塗ってから火にかけること。
- アスパラガスやサヤインゲンなどを焼くときは、アルミホイルパンに並べたり、串に横並びに刺したりして焼くと裏返すのが簡単。

CHAPTER 6:
FRUIT

チャプター6
フルーツ

- 各レシピに記載されている材料（人数分・個数等）は、あくまでも目安です。

- 各レシピの材料には、日本ではあまり一般的でないものも含まれていますが、原本のレシピを忠実に再現できるようそのまま掲載しています。用意が難しい場合は、注釈を参考に代替品をご使用ください。

- 各レシピの材料の分量を示す「カップ」は、アメリカ規格の【カップ＝約240ml】です。日本規格のカップとは分量が異なるため、市販のアメリカ規格のカップをご使用ください。

PIÑA COLADA PINEAPPLE STICKS

6人分

ピニャコラーダ パイナップルスティック

材料

- パイナップル …………………… 1個
- ココナッツミルク …………… 1カップ
- ブラウンシュガー
- ココナッツフレーク

自宅で、パイナップルの皮をむいて芯を取り、6等分に切ってジッパー付きのビニール袋に入れる。ココナッツミルクを加えて袋を密閉し、一晩冷やす。

キャンプでは、グリルラックに油を塗り、焚き火にセットして中火に調節する。パイナップルを両面数分ずつ焼き、焼き目をつける。ブラウンシュガーとココナッツフレークを振りかける。

FIRECRACKER WATERMELON ファイヤークラッカー ウォーターメロン

4〜6人分

材料
- 小玉スイカ ·················· 1個
- 塩、黒こしょう ················ 調味用
- ライム果汁
- ハチミツ
- ハラペーニョスライス
- フェタチーズ（砕く）
- 新鮮なパクチー

グリルラックに油を塗り、グリルに火を入れるか、焚き火にセットして中火に調節する。スイカを2.5cm厚程度の輪切りにし、それぞれを四等分に切り分けて塩と黒こしょうを振る。スイカを熱したグリルラックにセットし、焼きあとがつくまで両面を数分ずつ焼く。

スイカが少し冷めてからライム果汁とハチミツをかける。ハラペーニョスライス、砕いたフェタチーズ、新鮮なパクチーをトッピングする。温かいうちに召し上がれ。

PEACHY MALLOW ピーチマロウ

1人分

材料
- 桃 ······································· 1個
- バター ································· 小さじ1
- ブラウンシュガー ··············· 小さじ2
- マシュマロ ·························· 1個
- シナモンパウダー

桃を半分に切って種を取り除く。厚手のアルミホイルを桃全体を包める大きさにカットする。ホイルにオイルスプレーを吹きつける。桃の切り口を上にしてホイルの上に置き、くぼみにバターをのせる。桃の切り口全体にブラウンシュガーを振りかけ、くぼみにマシュマロを置いてシナモンパウダーを振りかける。残りの桃半分を、切り口を合わせてかぶせる。

ホイルで包みしっかり閉じた桃を、温かい炭火の中に入れる。桃が温かくなり、マシュマロが柔らかくなるまで5〜10分ほど置く。必要に応じてパックを移動させ、均一に加熱する。

ROASTED PEACHES ローストピーチ

桃1個につき1人分

焚き火用の長いフォークで桃を丸ごと突き刺し、熱い炭火の上でよく返しながら、中まで熱が通って柔らかくなるまで焼く。お好みで皮をむき、スライスしてシナモンシュガーを振りかける。

材料
- 桃
- シナモンシュガー

GRILLED BANANAS 焼きバナナ

6人分

バナナの切り口を上にして皿に並べ、ハチミツをまんべんなくかける。ブラウンシュガーを振りかけ、バナナの切り口を上にしてグリルに移す。3〜5分、しんなりするまで焼く。

材料
- バナナ (皮をむかず縦半分に切る) ····························· 6本
- ハチミツ ······························ ⅓カップ
- ブラウンシュガー ··············· ¾カップ

FRUIT PUFFS フルーツパフ

4〜6人分

材料

- 冷凍パイシート(解凍) ………… 2枚
- アップル、レモン、チェリー等の
  フルーツフィリング
- レーズン、ブルーベリー、
  またはホワイトチョコチップ

ホットサンドメーカーにクッキングスプレーを吹きつける。パイシートを薄く伸ばし、ホットサンドメーカーに合わせてカットする(正方形の生地が4〜6枚あればOK)。ホットサンドメーカーに生地をのせ、その上にお好みのフィリングを端から端までたっぷりとのせる。お好みでトッピングも加える(おすすめの組み合わせは、アップルフィリングとレーズン、ブルーベリーとレモン、そしてチェリーとホワイトチョコチップ)。もう1枚のパイ生地で覆い、ホットサンドメーカーの蓋をしっかり閉じて温かい炭火の上で時々裏返しながら、両面がきつね色になるまで焼く(注意:パイ生地は焼くと膨らむので、焼き加減を確認するときは蓋を慎重に開くこと)。

FRUITY BREAD PUDDING フルーツのパンプディング

4～6人分

材料
- クロワッサン(大) ················· 3個
- 卵 ····································· 1個
- 牛乳 ······························· ½カップ
- 砂糖 ······························· ¼カップ
- バニラエッセンス ·············· 小さじ1
- シナモンパウダー ··············· 小さじ½
- ストロベリー、ラズベリー、
  ブルーベリーなどの新鮮なベリー類

クロワッサンを一口大にちぎり、油を塗ったアルミホイル製パイ皿に並べる。卵、牛乳、砂糖、バニラエッセンス、シナモンパウダーを混ぜ合わせ、パンの上にかけてからめるように混ぜる。その上にベリーを散らす。大きめのアルミホイルを敷き、パイ皿を置いて覆うように包み、端を閉じ合わせる。

温かい炭火の中で20～30分、またはパンが少しパリッとして水分がなくなるまで、時々回転させながら焼く。表面をカリッとさせたい時は、焼き上がる前にホイルの上へ熱い炭を数個置き、お好みの焼き加減に調整を。

FOILED PEACHES ホイルド ピーチ

桃1個につき1人分

材料
- バター
- ブラウンシュガー
- 桃(半分に切り種を取る)
- オレンジジュース

バター 大さじ1を細かく切り、大きめに切った厚手のアルミホイルの中央にのせてブラウンシュガー振りかける。その上に桃の切り口を上にして並べ、バターとブラウンシュガーをのせてオレンジジュースを大さじ2杯ほど加える。ホイルを折りたたんで端を閉じ、高温の炭火の上に置いた焼き網にのせて10～15分ほど焼く。途中、焼き位置を変えて火の通りを調節する。

BACON-WRAPPED CANTALOUPE カンタロープのベーコン巻き

6~8人分

材料

- カンタロープ
  (※赤肉種のマスクメロン) ………… 1個
- ベーコン

メロンボーラーでカンタロープの実をすくう。メロンボール1個に対し、軽く焼いたベーコン1切れを用意し、ペーパータオルでベーコンの油気を切っておく。

グリルラックに油を塗り、中火に調節する。メロンにベーコンを巻き付け、串に刺して固定する。串をグリルラックの上に並べ、ベーコンがカリカリになるまで片面につき数分ずつ焼く。

PEARS IN CARAMEL SAUCE 洋梨のキャラメルソース

6～8人分

材料

- 無塩バター 大さじ2
- ブラウンシュガー 大さじ2
- シナモンパウダー .... ひとつまみ
- 洋梨 1個
- オレンジ(半分に切る) 1個

火を起こす。大きめのアルミホイルを2枚用意する。洋梨を半分に切り、芯と茎を取り除く。小さなボウルにバター、ブラウンシュガー、シナモンパウダーを入れて混ぜ合わせる。ホイルの上に半分に切った洋梨を並べ、バターミックスを洋梨の芯のくぼみにたらし、上からオレンジジュースを絞る。洋梨をホイルで包み、しっかりと封をする。炭火の中に包んだ洋梨を置いて20～30分ほど、完全に柔らかくなるまで火を通す。長いトングで火の中から包みを取り出す。ホットパッドやオーブンミットを使い、熱いソースをこぼさないように注意しながら、ゆっくりと包みを開ける。

FRUIT PIZZA フルーツピザ

ピザ1枚分

材料

- ピザ生地 450g程度
- クリームチーズ 450g程度
- パウダーシュガー 2カップ
- アーモンドエッセンス 小さじ2
- 細かくカットした季節のフルーツ
  .... 6～8カップ
- 刻んだナッツ(お好みで)
- チョコレートソース

自宅で、大きめの天板に油を塗り、ピザ生地をのばしてクラストを作る。フォークで軽く穴をあけ、お好みの焼き具合に焼いて冷ます。柔らかくしたクリームチーズにパウダーシュガーとアーモンドエッセンスを加えて混ぜ合わせ、冷ましたクラストの上に塗る。フルーツとナッツを混ぜ合わせ、クリームチーズの上にのせる。ワックスペーパーで空気が入らないように押さえて覆い、冷やしておく。クーラーボックスに入れやすいようにピザホイールでカットし、1枚ずつラップしておく。

キャンプでは、チョコレートソースをたらして召し上がれ。

CHAPTER 7:
DESSERTS AND S'MORES

チャプター7
デザート＆スモア

- 各レシピに記載されている材料（人数分・個数等）は、あくまでも目安です。
- 各レシピの材料には、日本ではあまり一般的でないものも含まれていますが、原本のレシピを忠実に再現できるようそのまま掲載しています。用意が難しい場合は、注釈を参考に代替品をご使用ください。
- 各レシピの材料の分量を示す「カップ」は、アメリカ規格の【カップ＝約240ml】です。日本規格のカップとは分量が異なるため、市販のアメリカ規格のカップをご使用ください。

S'MORE BURRITOS スモアブリトー

12人分

材料

- フラワートルティーヤ(20cm) … 1枚
- クランチタイプのピーナッツバター
  ……………………… 大さじ2〜3
- ミニマシュマロ ………… 大さじ3
- ミニチョコレートチップ …… 大さじ3

アルミホイルを約30cmの長さに切り、トルティーヤをその中央に置く。ピーナッツバターをトルティーヤの端まで塗り、マシュマロとチョコレートチップをピーナッツバターの半分に振りかける。トルティーヤをチョコレートチップをのせた方から、ブリトーのようにサイドを折り込んで巻く。ホイルでブリトーをフラットパックに包む。

二重に包んだブリトーを温かい炭火の上に置き、5〜15分、またはトルティーヤが温まりチョコレートが溶けるまで加熱する。均一に火が通るように、必要に応じて動すこと。

GINGERBREAD CAKE IN AN ORANGE SHELL
オレンジカップのジンジャーブレッドケーキ

12人分

材料

- ジンジャーブレッドケーキミックス※
  ……………………… 約410g
- 皮の厚いオレンジ …………12個
- キャラメルアイス ……… トッピング用

※「ジンジャーブレッドケーキミックス」：インターネット通販等で輸入品を購入可能。市販のパンケーキミックスにおろしショウガやジンジャーパウダー等を適量混ぜてもOK。

自宅で、中の薄皮をはがしやすくするため、硬いものの上でオレンジを転がす。オレンジの上部4分の1を切り落とす。ナイフで果肉と白い薄皮を切り離し、スプーンで外皮を破らないように丁寧に果肉をくり抜く。果肉は食べるか、後で使うために取っておく。パッケージの指示に従い、ジンジャーブレッドケーキミックスの生地を準備する。くり抜いたオレンジカップに、生地をスプーンで約⅔量ずつ入れる。

オレンジカップ1個につき、25cmの厚手のアルミホイル1枚を用意する。ホイルの中央にオレンジカップを置き、オレンジカップの両側から上部を空けてホイルを巻き付ける。ホイルの上部を閉め、底を平らにしてオレンジが直立するようにする。

キャンプでは、ホイルに包んだオレンジを熱い炭火の上に置き、15分から25分、またはケーキに爪楊枝を刺して生地がついてこなくなるまで焼く。全体に火が通るように時々移動させる。焼き上がったら、ケーキの上にフォークで数ヵ所穴を開け、キャラメルアイスをトッピングする。オレンジカップから直接スプーンですくい、温かいうちに召し上がれ。

ZESTY ORANGE S'MORES ゼスティオレンジ スモア

グラハムクラッカー**1**枚につき**1**個分

材料

- マシュマロ
- ミルクチョコレートバー
- オレンジゼスト
- チョコレートグラハムクラッカー

マシュマロを炙る。2枚に割ったグラハムクラッカーの間に、ミルクチョコレートバーのかけら数枚、炙ったマシュマロ、オレンジゼストを重ねて挟む。

STRAWBERRY CREAM S'MORES ストロベリークリーム スモア

グラハムクラッカー**1**枚につき**1**個分

材料

- マシュマロ
- クリームチーズ（柔らかくしたもの）
- イチゴ（スライス）
- シナモングラハムクラッカー

マシュマロを炙る。2枚に割ったグラハムクラッカーの間に、炙ったマシュマロ、クリームチーズ、イチゴを重ねて挟む。

LEMON COCONUT S'MORES レモンココナッツ スモア

グラハムクラッカー**1**枚につき、**1**個分

材料

- マシュマロ
- レモンカード
- ローストココナッツ
- グラハムクラッカー

マシュマロを炙る。2枚に割ったグラハムクラッカーの間に、炙ったマシュマロ、レモンカード、ローストココナッツを挟む。

CHOCO RASPBERRY S'MORES チョコラズベリー スモア

グラハムクラッカー**1**枚につき、**1**個分

材料

- マシュマロ
- ラズベリージャム
- ダークチョコレートバー
- グラハムクラッカー

マシュマロを炙る。2枚に割ったグラハムクラッカーの間に、炙ったマシュマロ、ダークチョコレートバーのかけら数枚、ラズベリージャムを重ねて挟む。

GRILLED CHERRY CHOCOLATE PIZZA

ピザ1枚分

グリルド チェリーチョコレートピザ

材料

- ホイップクリームチーズ ┄┄ 約110g
- 砂糖 ┄┄┄┄┄┄┄┄┄┄┄ 大さじ5
- 冷凍パイ生地(解凍) ┄┄┄┄ 1枚
- チェリーパイフィリング
- セミスイートミニチョコレートチップ
- バタークッキーまたは
  オートミールクッキー(砕く)

グリルに火を入れるか、焼き網を焚き火にセットして中強火に調節する。クリームチーズと砂糖を混ぜ合わせる。大きめのアルミホイルにオイルスプレーを吹きつけてグリルラックにセットし、ホイルの上にパイ生地を広げる。パイ生地の底がきつね色になるまで焼き、火からおろす。生地を裏返し、砂糖を混ぜたクリームチーズを塗る。チェリーパイフィリングとチョコレートチップをのせて火に戻す。ホイルで覆うかグリルの蓋を閉め、生地の底がきつね色になるまで焼く。火から離し、バタークッキーまたはオートミールクッキーをトッピングする。

CAMPFIRE CONES キャンプファイヤーコーン

1人分

材料
- バナナ
- イチゴ
- ワッフルコーン
- チョコレートチップ
- ミニマシュマロ
- お好みのナッツ類
- その他のトッピング（お好みで）

フルーツを細かく刻み、トッピングとの組み合わせを楽しんで！ワッフルコーンにお好みのトッピングをたっぷり入れ、アルミホイルで包む。

焼き網にのせるか炭火の上に置き、マシュマロやチョコレートが柔らかくなるまで数分焼く。ホイルをはがして召し上がれ！

CASHEW BROWNIE S'MORES カシューナッツブラウニー スモア

グラハムクラッカー*1*枚につき、*1*個分

材料
- マシュマロ
- ブラウニー
- カシューナッツ(刻む)
- グラハムクラッカー

マシュマロを炙る。2枚に割ったグラハムクラッカーの間に、炙ったマシュマロ、ブラウニー、カシューナッツを重ねて挟む。

BACON S'MORES ベーコン スモア

グラハムクラッカー*1*枚につき、*1*個分

材料
- マシュマロ
- カリカリベーコン
- ミルクチョコレートバー
- グラハムクラッカー

マシュマロを炙る。2枚に割ったグラハムクラッカーの間に、炙ったマシュマロ、ベーコン、ミルクチョコレートバーのかけら数枚を重ねて挟む。

APPLE PIE S'MORES アップルパイ スモア

グラハムクラッカー**1**枚につき、**1**個分

材料

- マシュマロ
- グラニースミス（スライス）
- シナモングラハムクラッカー

マシュマロを炙る。2枚に割ったグラハムクラッカーの間に、炙ったマシュマロとグラニースミスのスライスを重ねて挟む。

STRAWBERRY NUTELLA BANANA S'MORES

ストロベリーヌテラバナナ スモア

グラハムクラッカー**1**枚につき、**1**個分

材料

- ストロベリーマシュマロ
- ヌテラなどのヘーゼルナッツスプレッド
- バナナ（スライス）
- チョコレートグラハムクラッカー

マシュマロを炙る。2枚に割ったグラハムクラッカーの間に、炙ったマシュマロ、ヌテラ、バナナスライスを重ねて挟む。

TROPICAL S'MORES トロピカル スモア

グラハムクラッカー**1枚につき、1個分**

材料
- ココナッツマシュマロ
- ホワイトチョコレートバー
- パイナップル(スライス)
- グラハムクラッカー

ココナッツマシュマロを炙る。2枚に割ったグラハムクラッカーの間に、炙ったマシュマロ、チョコレートバーのかけら数枚、パイナップルを重ねて挟む。

SAILOR S'MORES セーラー スモア

クラッカー**2枚で1個分**

材料
- マシュマロ
- クリーミーピーナッツバター
- ミルクチョコレートバー
- 塩クラッカー

マシュマロを炙る。各塩クラッカーの片面にクリーミーピーナッツバターを塗り、チョコレートバーひとかけらと炙ったマシュマロを、ピーナッツバターを塗った面で挟む。

FUDGY ORANGE CAMPFIRE CAKES

オレンジ**1**個につき**1**人分 　　　　　ファッジオレンジ キャンプファイヤーケーキ

材料
- オレンジ
- お好きなケーキやブラウニーの生地
- 砕いたトフィー、キャラメルソース、
  その他お好みのトッピング

自宅で、オレンジの上部を切り落とし、中をくり抜く。生地の膨らみを考慮し、オレンジカップの切り口から2cmのところまで生地を入れる。切り落としたオレンジの上部を元に戻し、アルミホイルで密閉して冷蔵庫で冷やす。

キャンプでは、ホイルで包んだオレンジを熱い炭火の中で20〜30分、切り口が常に上を向くように置いて焼く。トングで取り出してホイルを開け、お好みのトッピングで召し上がれ。

STRAWBERRY SHORTCAKES ストロベリーショートケーキ

ケーキ2切れで1人分

材料

- エンジェルフードケーキ
  （約2.5cm厚を斜めにスライス）
- イチゴ（スライス）
- ホワイトチョコチップ

予熱したホットサンドメーカーの内側にオイルスプレーを吹きつける。ホットサンドメーカーにケーキ1枚、イチゴ、ホワイトチョコチップを順にのせ、もう1枚のケーキを写真のように、斜めの断面を揃えて重ねる。

ホットサンドメーカーの蓋を閉じ、熱い炭火にかざして回転させながら数分加熱する。火の通りが早いので、焼け具合をよく確認すること。ホットサンドメーカーから取り出して、召し上がれ。

TOASTED COCONUT PUMPKIN PIES トースト ココナッツパンプキンパイ

パン2枚につき、1人分

材料
- バター
- パン
- パンプキンパイフィリング※
- ココナッツマシュマロ

※「パンプキンパイフィリング」：アメリカでは缶
詰が市販されているが、日本では市販されて
いないため、蒸したカボチャに砂糖、卵、牛乳
または生クリーム、お好みでバター、シナモン、
塩などを混ぜ、ペーストを作る。

薄切りにしたパンにバターを塗り、バターを塗った面を下にして熱したホットサンドメーカーにのせ、パンプキンパイフィリングとマシュマロ数個を加える。その上にバターを塗ったパンをもう1枚、バターを塗った面を上にしてのせる。

ホットサンドメーカーを閉じ、はみ出た余分なパンを切り落としてから熱い炭火の中に入れ、パンがきれいに焼けるまで片面2〜3分ずつ、よく確認しながら焼く。

LEMON-LEMON S'MORES レモンレモン スモア

クッキー2枚につき、1個分

材料

- マシュマロ
- レモンカード
- クッキー&クリームバー
- レモンクッキー

マシュマロを炙る。2枚のレモンクッキーの間に、レモンカード、炙ったマシュマロ、クッキー&クリームバーのかけら数枚を重ねて挟む。

PARTY PASTRY S'MORES パーティーペストリー スモア

トースターペストリー1枚につき、1人分

材料

- ピンクのマシュマロ
- ミルクチョコレートバー
- レインボースプリンクル
- トースターペストリー

マシュマロを炙る。2枚に割ったトースターペストリーの間に、チョコレートバーのかけら数枚、炙ったマシュマロ、レインボースプリンクルを重ねて挟む。

CINNAMON SENSATION S'MORES シナモンセンセーション スモア

ドーナツ**1**個につき、**1**人分

材料
- マシュマロ
- ダークチョコレートバー
- カイエンペッパー
- シナモンドーナツ

マシュマロを炙る。ドーナツを2枚に分割する。チョコレートバーのかけら数枚と炙ったマシュマロをドーナツ1枚の上にのせ、カイエンペッパーを振りかけてもう1枚のドーナツを重ねて挟む。

MINTY MIX S'MORES ミンティーミックス スモア

グラハムクラッカー**1**枚につき、**1**個分

材料
- マシュマロ
- ミントチョコレート
- ペパーミントキャンディ(砕く)
- グラハムクラッカー

マシュマロを炙る。2枚に割ったグラハムクラッカーの間に、ミントチョコレート、炙ったマシュマロ、砕いたペパーミントキャンディを重ね挟む。

CHAPTER 8:
SNACKS AND APPETIZERS

チャプター8
スナック&アペタイザー

- 各レシピに記載されている材料（人数分・個数等）は、あくまでも目安です。

- 各レシピの材料には、日本ではあまり一般的でないものも含まれていますが、原本のレシピを忠実に再現できるようそのまま掲載しています。用意が難しい場合は、注釈を参考に代替品をご使用ください。

- 各レシピの材料の分量を示す「カップ」は、アメリカ規格の【カップ＝約240ml】です。日本規格のカップとは分量が異なるため、市販のアメリカ規格のカップをご使用ください。

GRAPE THYME APPETIZERS グレープとタイムのアペタイザー

1人分

材料

- 大粒ぶどう (種なし)
- オリーブオイル
- 塩 ⋯⋯⋯⋯⋯⋯⋯⋯⋯ 調味用
- ドライタイム ⋯⋯⋯⋯⋯ 調味用
- クリームチーズ (柔らかくする)
- クラッカー

2房分のぶどうを半分に切り、アルミホイルパンに入れる。オリーブオイル少々を混ぜ、塩とドライタイムをお好みで振りかける。

熱した炭火に焼き網を置き、ホイルパンをのせてぶどうが少し柔らかくなるまで5〜10分、時々かき混ぜながら加熱する。少し冷めるまで置いておく。

お好みのクラッカーにクリームチーズを塗り、火を入れたぶどうをのせて召し上がれ。

MUNCH MUNCH もぐもぐスナック

6〜8人分

材料

- パンプキンシード
- ヒマワリの種
- ヨーグルトレーズンまたはチョコレーズン
- ドライフルーツ
- 無糖のココナッツチップ

先に作っておこう！

ジッパー付きビニール袋または密閉容器に、各種の材料を同量ずつ入れて混ぜ合わせる。そのままキャンプに持って行き、お好きな場所で召し上がれ。

CHOCOLATE PEANUT BUTTER HUMMUS

チョコレートピーナッツバター フムス

6人分

材料

- ひよこ豆の水煮缶
  （水気を切って水洗い） … 1缶（約400g）
- ピーナッツバター ………… ¼カップ
- メイプルシロップ
  …… ¼カップと大さじ1（分けて使用）
- ココアパウダー（無糖） … ½カップ
- バニラエッセンス………… 小さじ1
- 塩 ………………………… 小さじ¼
- 水 ……………………… 大さじ2〜3

自宅で、フードプロセッサーにひよこ豆、ピーナッツバター、メイプルシロップ¼カップ、ココアパウダー、バニラエッセンス、塩を入れる。30秒間撹拌し、フードプロセッサーの側面についたものをヘラでそぎ落とす。水を加え、クリーミーになるまで再度フードプロセッサーにかけて冷やす。キャンプでは、フムスを外気温で少し柔らかくしてからかき混ぜる。メイプルシロップをかけ、刻んだピーナッツをトッピングする。プレッツェルや、リンゴ、イチゴなどの新鮮なフルーツ（各分量外）と一緒に召し上がれ。

ROASTED NUTS ローストナッツ

4〜6人分

材料

- ミックスナッツ（塩味） ……… 2カップ
- チリパウダー ……………… 小さじ1
- クミン …………………… 小さじ¼
- 黒こしょう………………… 小さじ¼
- バター

ミックスナッツとチリパウダー、クミン、黒こしょうを混ぜ合わせる。バターを数かけら加えてアルミホイルで包み、火が通って熱くなるまで時々回転させながら炭火で温める。

CORN AND BLACK BEAN GUACAMOLE

コーンとブラックビーンズのワカモレ

6人分

材料

- ローマトマト(さいの目切り) …… 1個
- 赤タマネギ(さいの目切り) ……… ½個
- ニンニク(みじん切り) …………… 2片
- スイートコーン缶詰 ………… 1カップ
- ブラックビーンズの水煮缶
  (水気を切って水洗い) ……… 1カップ
- ライムジュース ……………… 大さじ2
- 塩 ………………………… 小さじ½
- 黒こしょう …………………… 小さじ½
- カイエンペッパー ………… 小さじ¼
- 新鮮なパクチー(刻む) …… ½カップ
- アボカド ………………………… 3個
- トルティーヤチップス

自宅で、密閉容器にローマトマト、赤タマネギ、ニンニク、スイートコーン、ブラックビーンズ、ライムジュース、塩、こしょう、カイエンペッパー、コリアンダーを入れて混ぜ合わせ、蓋をして冷やしておく。

キャンプでは、アボカドの皮をむいて種を取り、好みの食感に潰してトマトミックスに混ぜ合わせる。トルティーヤチップスと一緒に召し上がれ。

PHYLLO BITES 一口パイ

4〜6人分

ミニフィロシェルに、プリン、パイフィリング、チーズケーキフィリングなど、レディメイドのすぐに食べられるお好みのフィリングを詰める。お好みで新鮮なフルーツやナッツを添えて召し上がれ。

材料

- ミニフィロシェル
- プリン
- パイのフィリング
- チーズケーキフィリング
- 新鮮なフルーツ
- ナッツ

CAST IRON NACHOS フライパンナチョス

6人分

材料
- トルティーヤチップス
- チリコンケソ※
- 青ネギ(刻む)
- トマト(刻む)
- パプリカ(刻む)
- 調理済みタコミート
- ブラックオリーブ(スライス)
- お好みのシュレッドチーズ
- サワークリーム
- サルサ
- ワカモレ

鋳鉄製のフライパンに、トルティーヤチップス、チリコンケソ、青ネギ、トマト、パプリカ、タコミート、ブラックオリーブ、シュレッドチーズを何層かに重ねる。炭にかけた焼き網にのせて、チーズが溶けるまで焼く。チーズが溶けやすいよう、アルミホイルを被せるのもおすすめ。お好みでサワークリーム、サルサ、ワカモレを添えて召し上がれ。

※「チリコンケソ」：スペイン語で「唐辛子とチーズ」という意味の、唐辛子の入ったチーズディップ。アメリカでは瓶詰めが市販されているが日本では入手困難のため、p.60の「芽キャベツ入り3種のチーズマック」のチーズソースレシピをアレンジし、チーズを加えて溶かす際、細かく刻んだ青唐辛子(1〜2本)を加えて作る。使用するチーズの種類や青唐辛子の量はお好みで。

STUFFED BABY PEPPERS スタッフド ミニパプリカ

ミニパプリカ**1**個につき、**1**人分

材料

- ミニパプリカ
- 塩、こしょう
- フェタチーズ
- グリーンオリーブ

ミニパプリカの片側面に切れ目を入れ、種を取り除く。中に塩、こしょうを振る。フェタチーズとグリーンオリーブをたっぷりと詰める。ミニパプリカにキャンプ用串を反対側の側面までほぼ貫通するように刺す。お好みの焼き加減になるまで、回転させながら焼く。パプリカの皮がしなっとしてきたら焼き上がったしるし。

FIRE-ROASTED PICKLE WRAPS ピクルスのベーコン巻き

ピクルス**1**本につき**1**人分

材料

- スライスベーコン
- ディルピクルス
- クリームチーズ（柔らかくする）

ベーコンの片方の端を串に刺す。ピクルスにベーコンを巻き付け、巻き終わりを先端に刺す。ベーコンが外れないように爪楊枝で固定する。ベーコンに焼き色が付き、ピクルスの皮がしなっとしてくるまで、ゆっくりと火の上でローストする。クリームチーズを添えて召し上がれ。

POPCORN PACKS ポップコーンパック

2〜4人分

材料
- ポップコーンカーネル ……… 大さじ2
- キャノーラ油 ……………… 大さじ2
- 塩 ……………………………… 調味用

45cm程の厚手のアルミホイルに、ポップコーンとキャノーラ油をのせる。ホイルを半分に折り、両端を折り返して二つ折りにし密封する。膨らんだポップコーンが収まるスペースを中に作っておく。

二つ折りにした所に棒などを突き刺し、棒を持って揺すりながら炎の上にかざす。はじける音が少なくなるまで揺する。少し冷ましてからホイルを開ける。塩を振って召し上がれ。

MUSHROOM AND BACON BITES マッシュルームとベーコンの串焼き

4〜6人分

グリルに火を入れるか、焼き網を焚き火にセットして中火に調節する。マッシュルームをベーコンで包み、爪楊枝でとめる。串に刺し、バーベキューソースを塗る。直火ではなく、少し離した遠火で10〜15分、またはベーコンがカリカリになり、マッシュルームが柔らかくなるまで焼く。時々残ったバーベキューソースをかけながら、串を回して焼く。

材料
- マッシュルーム(中) …………… 24個
- ベーコン(半分に切る) ………… 12枚
- バーベキューソース ……… 1カップ
- 串(水に30分浸した木製串、または金属製串)

INDEX 索引

本場アメリカ流
キャンプクッキング
Weekend Camping Cookbook
2023年7月30日 発行

STAFF

PUBLISHER
高橋 清子 Kiyoko Takahashi

EDITOR
行木 誠 Makoto Nameki

DESIGNER
小島 進也 Shinya Kojima

ADVERTISING STAFF
西下 聡一郎 Soichiro Nishishita

TRANSLATOR
大森 有希子 Omori Yukiko
ケイ サムウェイ K Samway

PRINTING 中央精版印刷株式会社

PLANNING, EDITORIAL & PUBLISHING
(株)スタジオ タック クリエイティブ   〒151-0051 東京都渋谷区千駄ヶ谷 3-23-10 若松ビル 2 階
STUDIO TAC CREATIVE CO., LTD.   2F, 3-23-10, SENDAGAYA SHIBUYA-KU, TOKYO 151-0051 JAPAN
〔企画・編集・広告進行〕Telephone 03-5474-6200   Facsimile 03-5474-6202
〔販売・営業〕Telephone & Facsimile 03-5474-6213
URL https://www.studio-tac.jp   E-mail stc@fd5.so-net.ne.jp

STUDIO TAC CREATIVE
(株)スタジオ タック クリエイティブ
©STUDIO TAC CREATIVE 2023 Printed in JAPAN
●本書の無断転載を禁じます。
●乱丁、落丁はお取り替えいたします。
●定価は表紙に表示してあります。

ISBN978-4-88393-992-3